浙大城市学院教材建设资助项目

从模拟到实战

律师法律实务指南丛书

行政法律实务指南

邵亚萍　王小军　编著

ZHEJIANG UNIVERSITY PRESS

浙江大学出版社

·杭州·

图书在版编目（CIP）数据

行政法律实务指南 / 邵亚萍，王小军编著. —杭州：
浙江大学出版社，2023.7
ISBN 978-7-308-23488-7

Ⅰ.①行… Ⅱ.①邵… ②王… Ⅲ.①行政法—中国
—指南 Ⅳ.①D922.1-62

中国国家版本馆 CIP 数据核字(2023)第 005942 号

行政法律实务指南

邵亚萍　王小军　编著

策划编辑	吴伟伟
责任编辑	陈思佳(chensijia_ruc@163.com)
责任校对	宁　檬
封面设计	周　灵
出版发行	浙江大学出版社
	（杭州市天目山路 148 号　邮政编码 310007）
	（网址:http://www.zjupress.com）
排　　版	杭州青翊图文设计有限公司
印　　刷	杭州钱江彩色印务有限公司
开　　本	710mm×1000mm　1/16
印　　张	18.25
字　　数	330 千
版 印 次	2023 年 7 月第 1 版　2023 年 7 月第 1 次印刷
书　　号	ISBN 978-7-308-23488-7
定　　价	78.00 元

序

　　坚持建设德才兼备的高素质法治工作队伍是习近平法治思想的重要内容。法学是一门实践性学科，为建设社会主义法治国家培养具有较强实务能力的应用型人才是法学教育的重要使命，而"强化法学实践教育，完善协同育人机制"则是应用型法治人才培养的基本途径。由于高校教学育人环节的自主性与相对封闭性，如何有效协同、深化协同、持续协同始终是法治人才培养中的一个突出问题，浙大城市学院法学院在二十多年的人才培养中进行了有益的探索。本书即是与其合作伙伴——浙江泽大律师事务所——共同组织完成的实践实训教材，可以视作"完善协同育人机制"的一个产物。

　　1999年浙大城市学院法学专业设立以来，始终根据学科特点和本校人才定位，将应用型法治人才培养作为教育教学的基本方向。2007年，校内法律职业实训基地的建立为学生提供了仿真实训的平台。模拟法院、模拟检察院、模拟律师事务所以及模拟仲裁委员会、模拟调解中心等的常态化、规范化运作极大地提高了学生的实践能力，也进一步密切了与实务部门的合作。2012年以后，法学院深化产教融合改革，积极探索"协同育人"模式，创新"协同育人"机制，做实、做深"协同育人"。目前已与20多家法院、检察院、律师事务所及政府部门建立了长期稳定的合作关系，聘请了近百名优秀法官、检察官、律师、政府法务专家作为实务导师，在应用型人才培养上走出了"强实践"的特色之路，于2019年获浙江省一流专业建设点认定。

　　浙大城市学院法学院与浙江泽大律师事务所在人才培养上长期合作，但通过院所签约的方式将这种合作关系固定下来则始于2017年10月16日。这也是当时我任浙大城市学院法学院院长的一项工作，希望以此加强双方的交流与合作，尤其是在应用型人才培养方面，从而实现理论和实践的更好结合。在双方的共同努力下，浙江泽大律师事务所的众多优秀律师通过共享课堂、专题培训、案件点评、课堂教学等方式广泛地参与到法学院的人才培养之中,通过设立奖学金和奖教金激发师生的积极性。鉴于人才培养中生源的不断更新与实践实训中问题的重复呈现,为了给学生提供更好的实践实训指引,经双方协商,决定共同组织、编写一套丛书,名为"从模拟到实战:律师实务指南",计划一共编写三册,包括民事、行政和刑事三大法律部门的律师实务。第一册《民事法律实务指南》已如期与读者见面,本书是第二册。

本书由浙大城市学院、浙江泽大律师事务所合作编著,撰稿人为浙江泽大律师事务所从事行政法律实务的钱梁、毛洪辉、胡棕瀚等九位优秀律师,大多拥有浙江大学、华东政法大学等著名院校的学历背景,具有丰富的实务经验。相较于已有的实训类教材,本书的操作性更强,体例上亦有改进,尤其是融"要点提示""法律文书""实训演练"于每一部分,具有创新性和实用性,相信可以为法学人才培养、律师助理、年轻律师提供有效指引。

目前,我虽然已经离开浙大城市学院法学院,但始终关注着学院的发展,关注学院在应用型人才培养上的努力和坚持,相信浙大城市学院的更名转制将为学校各学科的提质增效提供强大动力与保证,也相信法学专业的发展会越来越好。

是为序。

方立新

2022 年 11 月 20 日

前　言

党的二十大报告指出，"全面依法治国是国家治理的一场深刻革命，关系党执政兴国，关系人民幸福安康，关系党和国家长治久安。必须更好发挥法治固根本、稳预期、利长远的保障作用，在法治轨道上全面建设社会主义现代化国家"。当我们立志成为一名中华人民共和国执业律师的时候，我们的肩上就已经承载了以中国特色社会主义法治建设为己任的责任，这是时代和国家赋予律师的神圣使命，值得我们为之奋斗终身。

从事行政法律实务的律师实践在依法行政的第一线，在扎实推进依法行政中发挥着重要作用。与民事法律业务不同，基于行政相对人与行政机关之间的法律地位差异，行政诉讼在诉讼权利、受案范围、举证规则、审理流程等方面都有其特殊设定，行政非诉业务也需遵循相应的法治要求。行政法律实务相对"小众"，但对专业性的要求更高。没有扎实的基础，必然无法出色完成代理和服务任务。服务行政相对人，勇气、能力、智慧一项都不能缺少，才能维护好委托人的合法权益。服务行政机关，更需要丰富的法律知识，才能协助行政机关在依法行政、行政效率、权利保护等各种权衡中寻求最优解。此外，经验之树长青，律师要掌握实务、熟悉实务，也要在实务中不断更新知识、发展实务，希望本书能帮助你开启行政法律实务之路，成为你专业探索之路上的好伙伴。

法律如人生，愿你与真理相伴、与专业同行，有道有术，从容一生。愿你以此开始，为中国特色社会主义法治建设贡献应有的力量。

目　录

第一编　行政法律业务的受理

第二编　行政诉讼

第一编

行政法律业务的受理

　　民事、刑事、行政三大法律部门为律师工作指引了三个业务方向，其中民事、刑事法律业务历来都比较受律师群体的重视，从事业务的律师人数众多。而行政法律业务由于案件量相对较少，加之新入行的律师缺少相关经验，在开拓业务和办理案件方面相对缺乏足够的机会。"巧妇难为无米之炊"，受理行政法律业务是做好这一业务的基础。因此，本编旨在介绍行政法律业务受理的基本知识，以帮助新执业律师顺利受理行政法律业务，进一步探索、开拓行政法律业务，为自己的执业领域、业务方向"开疆拓土"。

　　行政诉讼、复议类业务是行政法律业务的重要组成部分。行政机关尤其是各级人民政府进行社会管理、治理的广度与深度都在日益加深，在这一过程中不可避免地会与各类行政相对人产生摩擦，而行政相对人的法律意识也在不断增强，因此行政诉讼、复议类案件的数量处于逐年攀升的态势。以行政复议业务为例，根据浙江省司法厅公布的 2021 年度全省行政复议案件数据，2021 年浙江省新收行政复议案件达 16052 件，同比增长 30.10%。① 因此，对于律师来说，行政诉讼、复议类业务的重要性越来越突出，需要投以更多的关注。

　　由于行政法律业务的特殊性，本章论述的行政诉讼、复议类案件业务的受理主要从行政相对人委托业务这一角度进行阐述。

---

① 参见浙江省司法厅官网：《2021 年全省行政复议数据》(http://sft.zj.gov.cn/art/2022/3/17/art_1229247327_4897229.html)。

第一节　行政诉讼、复议类业务概述

一、基本内容

民事业务和刑事业务占据了律师业务的主要比重，在律师行业传统的"师带徒"的人才培养体系之下，绝大部分的新执业律师会跟随指导老师的业务方向确定自己的执业领域。许多没有接触过行政案件的律师由于对行政法律业务不够了解，往往会对其不够重视，甚至出现带着办理民事诉讼案件的思维去办理行政诉讼、复议类案件的情况。这种思维会导致律师在受理行政诉讼、复议类业务时弄错办案方向。这不仅会影响委托关系的建立，还会降低律师的办案质量，无法取得良好的办案效果。因此，准确掌握行政诉讼、复议类业务的特点，认识其重要性，是律师为委托人提供高质量法律服务和践行律师职业道德的必然要求。

（一）行政诉讼、复议类业务是律师业务的重要组成部分

近年来，随着社会主义市场经济不断发展，各类市场主体从事的经济活动数量不断增加、范围不断扩展。几乎在所有的经济活动中，行政机关都扮演着不可或缺的角色。这一方面是由于我国的行政机关在市场经济中承担着管理职能；另一方面也是由于行政机关不断地向服务型政府转变，"管理＋服务"的双重属性已经成为我国行政机关的重要特点。而行政机关为了履行职能，不可避免地会与各类市场主体甚至是普通百姓建立行政法律关系，在这一过程中，一旦发生"摩擦"，相对人的解决途径之一就是提起行政复议或者行政诉讼。因此，不管律师是否将自己定位为"行政法律业务专家"，基本上每一位律师都会在自己的职业生涯中接触到行政争议咨询。这里可以列举两类常见的行政争议：一是近年来全国各地都在大力推进城镇化，这一过程伴随着大量的征地拆迁行为，其中引发的政府与被征收人之间的矛盾并不少见；二是各行各业的企业都需要时时刻刻防范自身经营行为触碰到行政机关的监管"红线"，

难免出现行政监管争议与摩擦。最为常见的就是广告宣传不当招致的各类行政处罚,比如在微信、微博等各类新媒体平台的宣传过程中使用了《广告法》第九条明确禁止的各类极限用词。行政诉讼、复议类业务的层见叠出,为律师开辟新业务领域提供了机会,也对律师办理行政案件的能力提出了更高的要求。

(二)行政诉讼、复议类业务具有受理阶段的独特性

实践中,除了少数专门办理行政案件的律师外,大多数律师受业务来源限制,对行政法律业务的认知比较受限。由于办理民事诉讼案件基本上是每位律师的"必修课",因此大多数律师容易形成一套办理民事诉讼案件的思维定式。但是在接触、受理行政案件时,则需要打破这套思维定式,正确甄别行政诉讼、复议类业务与民事诉讼业务之间的不同。

首先,委托人的身份及立场较为固定。从受理案件的角度来说,民事诉讼业务当中律师接待作为原告的委托人和作为被告的委托人并无太大区别。但是,在行政诉讼、复议类业务当中,对抗的双方虽也是原告和被告(申请人和被申请人),但通常来说作为被告(被申请人)的行政机关会更倾向于将案件交给法律顾问办理,律师作为政府法律顾问时基本上无须考虑如何受理案件,但在如何接受原告(申请人)的委托方面则需要深入挖掘。因此,本书在讨论如何受理行政诉讼、复议类业务时,默认的前提是委托人的身份为行政诉讼、复议案件的原告(申请人)。

其次,行政诉讼、复议类业务需要重点甄别行政行为。行政诉讼、复议类案件的诉讼标的基本上是行政行为——这里需要说明,行政赔偿案件的诉讼标的是赔偿责任,但赔偿责任亦是基于行政行为,包括行政处罚、行政强制、行政许可、信息公开等行政作为以及各种行政不作为。在接待行政诉讼、复议类案件的委托咨询时,律师首先应当准确甄别行政行为,分清有几个行政行为、行政行为的法律依据是什么、法律赋予的救济手段有哪些、需要将哪一个或哪几个行为作为诉讼的对象等。如果在案件受理时对行政行为定位不清,就会导致受理案件后沿着错误的方向办理案件,最终影响办案质量,无法取得当事人满意的办案效果。

最后,行政案件的收费标准与民事案件不同。律师费是案件受理阶段无法回避的话题,对于律师而言,必要、合理的律师费可以保证律师放心投入自己的时间和精力办理案件、开展工作;对于当事人而言,一是会关心律师对案

件的研判与方案,二是会关注律师费的金额和支付方式是否在自身可承受范围内。行政诉讼案件、复议类案件的收费规则和收费要点与民事诉讼案件截然不同,有着一定的限制,律师在向当事人报价、与当事人商谈律师费的过程中,一定要时刻恪守收费规则,切忌触犯执业纪律,同时也要避免在当事人询问收费有关的问题时前后回答不一、避重就轻。

(三)行政诉讼、复议类业务有助于实现律师业务跃升

目前,律师行业越来越强调"专业化",越来越多的律师专精于自己的业务方向,但这也导致很多律师不敢接触非擅长领域的业务,尤其对行政诉讼、复议类业务无法上手。对律师而言,可以对业务方向进行分类,如分为民事法律业务方向和行政法律业务方向的专业律师等;但是对当事人来说,其在寻求律师帮助时往往没有条件按照专业方向去筛选律师。所以,对于某位专门从事民事业务或者刑事业务的律师来说,如果他的亲戚朋友或者客户需要委托律师代理行政复议、行政诉讼案件,通常会优先找到这位律师。律师如果可以利用自己对于行政法律业务的专业知识解决当事人的问题,获得当事人的信任与肯定,对巩固自身口碑、推广业务也能大有帮助。

二、要点提示

律师在受理行政诉讼、复议类业务的过程中,需要明确行政诉讼、复议类业务与民事诉讼业务之间的区别与联系,对此,特别需要注意以下几点。

(一)行政诉讼、复议类业务应着眼于行政行为

律师在受理行政诉讼、复议类业务时,应认识行政复议、诉讼类业务的重要特点,即复议、诉讼的对象通常是行政行为。部分当事人在寻求律师帮助时,往往希望通过律师的代理工作为其实现特定的经济利益。但是,行政诉讼、复议类案件的对象一般是某个行政行为,复议机关或者法院作出的决定(裁判)针对的也是行政行为,并不一定会直接回应当事人有关经济利益的诉求,只有在符合《国家赔偿法》规定的行政赔偿范围的情况下,当事人的复议、诉讼请求才能够体现为特定的经济利益。在受理行政诉讼、复议类业务的过程中,律师应当根据当事人的诉求,为其分析诉讼方案和风险,如果当事人坚

持要实现的某项经济利益是无法通过行政复议或者行政诉讼途径实现的,应当提前向当事人告知应对方案。

(二)受理民事业务的技巧也可以用于受理行政法律业务

"一通百通"的道理在律师办案过程中也是适用的,不同部门法之间的区别更多的是影响到办案过程中的法律适用与诉讼策略。在受理行政诉讼、复议类业务的过程中,同样可以参考受理民事诉讼业务的话术和谈判技巧。此外,某些案件中会存在"民行交叉"的情况,则需要律师对于两者的共性与特性有深度把握,能够将两者柔性结合。这就要求律师在平时的理论学习过程中,时刻关注"民行交叉"的热点问题和最新研究成果,最重要的是要站在当事人的角度为其考虑问题,想当事人之所想,急当事人之所急。

第二节　接待委托咨询

一、基本内容

20 世纪 90 年代,《行政诉讼法》《行政复议法》施行之前,几乎不存在"民告官"的案件,以上两部法律及其后配套出台的法律法规为"民告官"提供了制度保障。但此类案件专业性较强,且因传统观念的影响,当事人对于行政复议、诉讼类案件更加倾向于聘请律师进行处理。律师在接待咨询阶段,最重要的任务是展现自身的专业性,快速体现律师价值,尽快建立起当事人对律师的信任,以达到最终建立委托关系的目的。

(一)接待咨询时各阶段的技巧

无论是民事案件、刑事案件抑或是行政案件,接待咨询这一过程都是律师介入案件的开始,因此这一阶段尤为重要。以下将按照不同阶段,对接待咨询的技巧做简要分析。

1.利用新媒体平台进行初步咨询

近年来,微信、微博、抖音等新媒体工具越来越普及,对律师来说,通过各类新媒体平台与当事人交流案件有着诸多优点。首先,这种非面对面、非即时性的交流方式,对律师尤其是经验较为缺乏、不能做到法条谙熟于心的年轻律师来讲,有了更多思考、准备的时间;其次,在通过微信进行交流时,由于当事人并非专业人士,其讲述的案情、提供的现有证据大概率并不能满足进行行政复议、诉讼案件的需要,律师通过对专业问题进行简单询问、帮助当事人罗列证据材料清单,可以潜移默化地建立当事人对律师的初步信任,减少其"广撒网"寻求法律帮助的动力,让其更愿意与律师面对面洽谈。

当然,由于微信等线上咨询方式较为随意、成本低廉,对当事人而言不一定会优先选定某位律师代理案件,因此律师在判断案件具有介入价值后,可以积极推动与当事人进行面对面的咨询交流,加深律师介入的深度。

2.通过提问的方式向当事人展现律师的行政法律业务水平

在接待咨询过程中,律师应当重点向当事人展现自己的专业水平,加深当事人对自己的良好印象,强化律师的专业形象。通常来说,律师可以通过提问的方式,引导当事人陈述案情、归纳争议焦点、分析诉讼风险和胜诉可能性。对大部分行政案件而言,可以通过下面几点来提问并提出法律意见:

(1)作出行政行为的主体是谁?律师可以判断相应主体是否属于行政机关。

(2)对当事人的权益产生影响的行为是什么?律师可以判断相应行为是否属于行政行为,是否具有可诉性,需要关联到哪些实体法。

(3)当事人希望通过行政复议或者行政诉讼达到什么样的目的?律师可以分析当事人的诉求是否具有法律依据,以及基于这一诉求需要怎样收集与组织证据。

3.从着装、地点、态度方面应对当面咨询

当面咨询前,要注意咨询地点的选择,除交通不方便、条件不具备的情况外,律师都应优先选择在律师事务所会面。当事人置身于律师事务所这一专业场所,会无意识地把律所的专业氛围转化为对律师专业素养的印象,律师也可以通过介绍律所环境等方式拉近与当事人的距离,更有利于律师树立形象。而餐馆、咖啡厅等休闲娱乐场所展现的过于轻松的环境会淡化会面的严肃性,

且人员来来往往,人声嘈杂,不利于沟通也不利于律师专注思考,开放的环境也不利于当事人向律师敞开心扉,全面地向律师披露事实。

当面咨询时,律师要注意外在得体。对于律师来说,快速建立起专业睿智的法律人士形象、获得当事人的信任至关重要。而对于非专业人士的当事人来说,很难在短时间内对律师的专业水平形成准确判断,因此律师要利用明确、有形的外在展示来树立专业的形象。在当事人的观念中,律师是帮助其维护合法权益的"军师",因此在接待当事人,尤其是第一次与当事人会面时,律师宜着正装,男律师应系领带,女律师可以化淡妆,不宜佩戴过于个性化的配饰,同时应注意衣物不可有明显褶皱、污渍,头发亦不可凌乱。

在咨询过程中,律师要把握好对当事人的态度,可以做到"亦庄亦谐"。涉及专业知识时应表现出严肃、郑重的态度,此外可在恰当的时机展现出亲切的一面,展现出对当事人的关切。不可过于冷漠,亦不可过分热情,可以以冷静作底色,以温和为修饰,张弛有度。同时要注意行为举止、语言表达方式。动作上不可跷二郎腿、抖腿、转笔,这些行为既不稳重也不够尊重当事人,与当事人对视时应大方,在语言上应尽量避免使用不确定的表达,如"也许""可能"等。

(二)把握行政复议、诉讼类案件咨询的特殊性

由于行政复议、诉讼类案件有其特殊性,在咨询过程中可以从以下几点出发与当事人沟通,分析维权成本及成案可能。

1. 确定当事人的诉求是否属于行政复议、诉讼类业务的受案范围

首先,《行政复议法》《行政诉讼法》对复议机关、人民法院受理案件的范围有明确的规定,行政复议、诉讼类案件想要成案,律师首先应当定位明确的被诉行政行为,笼统来说就是当事人希望打官司的某个事情是否属于行政行为,属于哪种行政行为,是否具有可诉性。因此律师接待行政案件咨询时,首先需要审查确定本案是否属于行政复议或行政诉讼受案范围。具体而言:

第一,在咨询过程中首先应当明确行为主体,且这一主体是否属于行政机关及其工作人员。需要注意,这里的"行政机关"应作广泛解释,包括"法律、法规、规章授权的组织",比如目前比较常见的风景名胜区或者经济开发区的各类管理委员会,如果该管理委员会经过法律、法规、规章授权,可以作为行政案

件的被告或被申请人。

第二,这一行政行为必须是为实现行政目的对外实施的。如行政机关内部为作出行政行为而实施的讨论报批行为、内部人事调整等就不属于行政行为,上下级人民政府针对某事项内部讨论后形成的会议纪要未经过特定程序外化的也不具有可诉性。

第三,这一行政行为是否对公民、法人或者其他组织的合法权益造成了法律上的影响。如道路交通事故认定书仅具有证据效力,不会对当事人的权利义务直接产生影响,就不属于行政行为,无法复议也无法诉讼。《道路交通事故处理程序规定》也仅赋予当事人复核的权利,但复核偏向于公安机关交通管理部门的内部审查,律师通常难以介入。根据以上思路大致作出判断后,还应对照《行政诉讼法》第十三条及《最高人民法院关于适用〈中华人民共和国行政诉讼法〉的解释》(以下简称《行诉解释》)第一条,判断是否属于法定例外情形。如律师未在咨询阶段对案件的可诉性作出准确判断,一旦案件被法院或者复议机关认为不具有可诉性而无法立案,律师的专业性及声誉将会受到较大影响。

2.审慎把握维权路径,全面评估复议或诉讼程序的优劣

与民事案件不同,行政案件当事人除提起行政诉讼外,还可通过行政复议的方式维护自己的合法权益。根据现行法律法规的规定,除了涉及自然资源确权、纳税争议、禁止或限制经营者集中等行政案件采用复议前置外,绝大部分的行政案件都可以由当事人自由选择行政复议或诉讼的方式解决争议,因此律师需要帮助当事人选择最有利的维权路径。对于律师来说,可以从以下几方面帮助当事人厘清得失,结合当事人的期待,协助其作出最优选择。

从审查性质看,行政复议偏向行政机关的内部监督,上级行政机关对行业法规政策更了解,在相关问题上更专业,可以更多地考虑行政行为的合理性和必要性;在行政诉讼中,法院作为独立机构相对来说更加客观中立,更多地考虑行政行为的合法性。

从审查内容看,行政复议全面审查行政行为的合法性和合理性,而行政诉讼一般情况下只审查行政行为的合法性。

从程序上看,行政复议以书面审查为主,审查期限较短;而行政诉讼采用二审终审制,更能保障当事人的诉讼权益,但花费的时间较长。

从当事人的心态上来讲,目前老百姓普遍比较忌讳"民告官",而行政复议程序侧重通过行政机关的内部审查解决行政争议,当事人通常会认为这种方式冲突性较低,可以不用与当地政府针锋相对,比较容易接受行政复议。

此外,不同路径花费的时间成本不同导致律师工作量也有所不同,律师需要结合当事人自身情况为其选择相对经济的维权途径。行政复议和行政诉讼两种方式各有优劣,律师在接待行政案件咨询过程中,应该全面考量两种方式的优缺点,并向当事人充分介绍两种方式的不同以及成本差异,帮助当事人进行选择。

二、要点提示

咨询阶段这一过程中的主要目标是了解客户的需求,如果律师能够像老中医一样把准当事人的"脉",自然能够获得当事人的信任,推动当事人委托律师。

(一)了解当事人的需求

行政案件当事人的需求各不相同,有些当事人希望通过复议、诉讼手段实现直接的经济利益,有些当事人则不重视经济利益,而是要求得到行政机关公平合理的对待。不同的当事人看待问题、选择维权方案的角度当然不会一致。律师可以通过明确诉求、分析诉讼风险的方式帮助当事人确定自己的目的,进而分析能否通过律师的代理工作实现当事人的目的。

(二)了解当事人的性格

无论接待怎样性格的当事人,律师都要以坦诚的态度去面对,恪守律师执业道德,但其间可以根据当事人的性格调整语言风格,提高沟通效率。对于没有主见、瞻前顾后的当事人,律师说话需要干脆利落,对于行政复议、诉讼案件的风险要充分予以提示,为其建立维权的信心但也要使其理解其中的风险;对于情绪波动较大的当事人,需要动之以情晓之以理,从行政法的法理和社会大众普遍接受的情理两方面为其分析利弊关系;对于性格冷静的当事人,则需要逻辑缜密,避免出现反复,在接待咨询的过程中尽可能详细地展示律师办理行政案件的思路和策略,从主体、行政行为、法律依据等方面向当事人提供法律建议,加深当事人对律师专业水平的印象。

(三)了解当事人的期望值

在咨询过程中,当事人的期望值会随着律师的意见而变化,律师要做到心中有底。如果当事人期望过低,律师可以多方面地向当事人告知通过律师的代理工作能够带来的积极效果,引导当事人认识到律师的价值,树立胜诉信心;如果当事人期望过高,律师需要充分告知诉讼风险,让当事人知晓律师代理工作的局限性,不能为了迎合当事人的需求贸然建立代理关系。

第三节　建立委托关系

一、基本内容

经过咨询阶段,当事人从法律层面对胜诉机会和风险有了一定的认识和考量,通过咨询过程也可以对律师建立基本的信任感,此时当事人会更多关注是否聘请律师为其提供法律服务,接下来就将进入建立委托关系的阶段。律师应当关注委托关系的实用性与合规性,其中最关键的就是委托合同中的代理内容条款及律师费条款。

(一)确定委托合同的代理内容

签订委托合同时,应首先与行政案件当事人确定律师为其提供的法律服务范围。除直接代理行政复议、行政诉讼业务之外,律师还可以为当事人提供更广泛的法律服务,如出具法律意见、协助调查取证、参与谈判、提出申辩、参与听证程序、申请信息公开等。这类法律服务虽然涉及点较小,但往往是行政复议、诉讼案件的前置流程,对抗性也远小于行政复议和诉讼,是许多行政案件当事人切实需要的法律服务。对于年轻律师来说,这部分业务的价值很高,既不会过于复杂烦琐,又能以小见大,自然地将自己的服务范围过渡到行政复议、诉讼业务,也给了律师提前介入案件的机会,提高代理未来可能发生的行政复议或诉讼案件的可能性。

在选择代理阶段和代理权限时,要把握行政复议或诉讼案件的特殊性。代理阶段上,由于行政机关的地位及特殊性,通常不会拖延执行,因此行政复议、诉讼案件一般不需要当事人主动提出执行。代理权限上,民事案件中的离婚纠纷案件等存在无法特别授权的情况,而行政复议、诉讼案件不同,均可对律师进行特别授权。

(二)确定律师费条款

律师费是律师提供法律服务的劳动回报,是律师知识价值的体现,明确律师费条款是法律委托合同的重要任务,也是律师与当事人共同关心的主要内容。法律服务作为一种难以量化的无形服务,本身很难有一个固定公认的价值,因此各级机关陆续出台了本地的律师服务收费管理办法,浙江省则有《浙江省物价局、浙江省司法厅关于制定律师服务收费标准的通知》等文件,明确了律师费的收费办法。

不同于民事、刑事案件,行政复议、诉讼案件没有统一的收费标准,也无法进行风险收费,因此律师在报价时更加需要公开化、透明化,必须让当事人知道律师的报价是公正合理的,以免招致误会。律师可以从以下几个角度来确定收费金额。

1.当事人希望实现的经济利益大小

由于行政复议、诉讼案件的诉讼标的基本是行政行为,因此不存在可量化的标的额(行政赔偿案件除外),自然也无法按照标的额进行收费,但相当一部分案件中的当事人可以通过复议、诉讼减少损失或获得经济利益,如行政处罚中的罚款、房屋征收补偿款等。律师按照这一标准确定律师费金额较为公平合理,也可以使当事人易于接受。

2.案件的难易程度

对于法律关系较为明确的案件,律师可以提出较低的报价,既能获取业务也能给客户留下好印象。而对于案情重大复杂或已经一审败诉的案件,则应视情况提出合适的费用。需要注意的是,一部分当事人会认为如果案件最终通过谈判、调解等方式而不是通过行政复议、行政诉讼程序解决,律师提供的工作量较少,应当适当减免律师费。面对这种情况,律师应提前向当事人告知这也是律师工作成果的体现,也是为了更好地维护当事人的利益,这一点也应当在委托合同中列明,避免后续发生争议。

3. 当事人支付能力和支付意愿

经济能力较弱的当事人特别是自然人,会对律师费总价更为敏感,如果律师的报价超出其心理预期的价格,当事人很可能会不经议价直接放弃委托,因此律师在报价时可以根据当事人的实际情况适当下调收费标准,让当事人有更大机会获得法律服务,也让当事人感知到律师接案的诚意。对于付款能力较强的当事人特别是企业,其会更关注律师的专业性,对此类当事人律师应多谈案件的办案策略,在报价时应当果断,同时也可以综合分析案件办理难点和律师需要付出的工作量、能够为当事人争取的结果等因素来确定律师费,必要时可以体现律所和自身的品牌优势,让当事人对支出的律师费觉得物有所值甚至物超所值。

(三)确保委托关系的合规性

律师行业受到司法行政机关的监管,本身具有较高的合规性要求,合规贯穿在律师办案的始终,其中自然包括建立委托关系环节。行政复议、诉讼类业务处理的是行政机关与行政相对人之间的争议,经常会遇到舆论关注度或者敏感度较高的案件,因此更要注意建立委托关系环节的合规性。

1. 委托人的身份合规

行政复议、诉讼类业务的委托人应当是行政相对人或者利害关系人。如果某些当事人因年事过高或者身患疾病,委托子女来向律师咨询,律师应当在正式接受委托前与当事人直接沟通,询问其同意提起行政复议、行政诉讼的意愿是否真实,并就关键性事实与当事人当面确认。在签订委托合同、授权委托书时,律师应当与当事人本人见面,由其当面签署相应文件,同时保留当事人的各类身份证明(身份证、户口簿、结婚证等)复印件。

2. 代理重大敏感案件合规

部分社会敏感度较高或者当事人人数较多的行政复议、诉讼类案件有可能属于重大敏感类案件。根据杭州市律师协会的要求,当事人一方或双方人数众多(10人以上)的群体性、集团性诉讼案件或非诉讼事件,以县(区)级以上人民政府为当事人或与县(区)级以上政府或政府部门的重大行政行为相关的案件,曾经发生或可能引发群体上访的案件以及涉及社会敏感问题,易于激发社会矛盾,可能造成重大社会影响的案件都属于重大敏感类案件,在接受当事人委托时需要由律师事务所向律师协会进行重大敏感类案件报告,并要求承办律师必须执业三年以上。律师在办理行政复议、诉讼类业务的过程中,应当时刻注意甄别案件是否属于重大敏感类案件,并按要求做好案件报告工作。

3.案件受理时尽量不留存证据材料原件

案件受理时,我们对当事人提供的所有材料,包括身份资料、证据材料等,应当尽量不留存材料原件。一方面,丢失材料原件属于严重的执业违纪行为,需要接受行业处分、行政处罚并对当事人进行赔偿;另一方面,律师没有必要在案件受理时留存证据材料,且如果留存原件还需要额外花费时间与当事人确认留存材料的明细情况。

二、要点提示

在接受委托的过程中,当事人最为关心两个问题:案子能不能赢以及需要花费多少律师费。律师对于这两类问题尤其需要予以重视。

(一)谨慎对待当事人关于胜诉率的询问

想必每一位律师都曾面临当事人询问胜诉率的情况,这其实反映了律师在咨询阶段没有为当事人做好案情分析,导致当事人对此仍没有清晰认知,只能通过直接询问律师胜诉率的方式来明确。这种情况下,律师不应对胜诉率有任何直接的回应,大包大揽、承诺胜诉属于违规行为,三句话不离风险也不是良策,都会使当事人的重点偏离到案件的胜诉率上,让案件结果变成了概率游戏,而非现实客观存在的事实不清晰、证据不完备的风险,淡化了律师的努力和工作成果。此外,律师办案的结果并非像做科学实验或者预测经济发展一样,能够以“胜诉率”这样具象的数字来表达,但是我们在对案件办理结果有基本预判的情况下,可以适当作出“基于你提供的材料和描述的情况,我觉得这个案子争取胜诉结果的机会较大”“仅凭目前这些材料,我觉得这个案件仍有许多漏洞,主要在于……,但是我们后面可以争取通过补充相应证据、检索当地类似情况的案例等方式,来支持我们的主张”“如果××证据可以取得,这个案件的走向是可以把握的"这样类似的表述,这样既遵守了律师办案不得承诺胜诉率的规定,也回应了当事人的问题,消弭了当事人对律师办案水平的顾虑。

● ● ● ● ● ● ● ● **法条链接**

《律师职业道德和执业纪律规范》第二十六条

律师应当遵循诚实守信的原则,客观地告知委托人所委托事项可能出现的法律风险,不得故意对可能出现的风险做不恰当的表述或做虚假承诺。

(二)在议价磋商过程中应注意谈判技巧

如果当事人的报价远低于律师预期、律师想拒绝时,应该尽量使用委婉的表达方式,并同时提出新的方案,而不是直接拒绝,使谈判陷入僵局。在报价时,律师费报价一定要明确,模棱两可的报价会让支付能力较弱的当事人产生畏难情绪,给予范围的报价会让当事人认为最低价就是律师的报价。律师的第一次报价应预留谈判的空间,这也是对当事人表达尊重的一种体现,但要注意让步次数不宜多于两次、让步金额不宜超过原报价的 1/3,在双方就价格迟迟无法达成一致、律师又不愿放弃该案件的情况下,对支付能力和信用较好的当事人,律师可以通过延长付款时间的方式给予让步,但建议控制在一审终结之前,并且在委托合同中明确约定支付的期限。

三、法律文书

相关的法律文书为《行政案件代理委托合同》,参考范本如下。

行政案件代理委托合同

委托人(甲方):××(自然人应注明居民身份证号码)

联系方式:××××××

地　　址:×××××××

受托人(乙方):××律师事务所

地　　址:××××××××

甲、乙双方依据《中华人民共和国律师法》和其他相关法律、法规,就甲方聘请乙方提供法律服务事项达成一致,于××××年××月××日订立本合同。

1.法律服务范围

甲方委托乙方处理下列法律事务(以下简称"本事务"):

(1)代理甲方向(此处填写行政机关名称)提出政府信息公开申请要求公开××材料。

(2)代理甲方与(此处填写行政机关名称)的政府信息公开复议□/诉讼一审□/二审□/再审□。

2.委托权限

甲方授予乙方在履行本合同时的权限为下列第×项范围:

(1)一般代理。

(2)可代为承认、放弃、变更复议或诉讼请求,进行和解,提起上诉的特别授权诉讼代理。

……

3.承办律师及助理

(1)乙方接受甲方的委托,指派××律师为本事务的承办律师(以下简称律师)。

(2)本合同履行过程中,若律师因合理原因(包括但不限于正常调动、离职、时间冲突、回避、身体状况等)无法继续或暂时不能承办本事务时,律师应及时告知甲方并由合同双方协商另行指派其他合适的律师接替;甲方不同意其他律师接替的,视为甲方解除合同,本合同终止履行。

4.律师费

双方商定按下列方式计算应支付给乙方的律师费：

甲方在签订本合同时向乙方支付律师费 X 万元,乙方指派的律师启动申请信息公开程序,若通过该程序甲方获得所需资料,不进入下一阶段、不产生其他律师费。若甲方无法通过信息公开程序获得所需资料,甲方另行支付律师费 Y 万元,乙方代理甲方进行行政复议、行政诉讼一审、二审程序,但是乙方代理行政复议程序后,无论任何原因(包括甲方的目的已通过行政复议或者行政诉讼达成或者甲方明确不进行后一阶段的工作),甲方支付的律师费 X＋Y 万元都不予退还。

5.其他费用

略。

6.律师费的支付与结算

本合同第 4 条所约定的律师费,以下列办法支付与结算：

甲方在签订本合同后三日内支付第一笔律师费 X 万元。信息公开程序结束后,甲方要求启动行政复议程序或者行政诉讼程序的,甲方在乙方代为寄送行政复议申请书或行政起诉状后三日内支付第二笔律师费 Y 万元。

7.发票

略。

8.乙方及律师的义务

略。

9.甲方的义务

略。

10.不保证

乙方和律师向甲方提供的分析、判断或咨询意见,均不可理解为乙方或律师就受托事务的结果作出了成功或胜诉的保证。

11.其他约定

略。

12.本合同空格部分填写的文字与印刷文字具有同等效力。

13.合同有效期限,自签订之日起至本事务完成止。

14.本合同一式两份,双方各执一份,效力相同。

委托人(签名)：

受托人(盖章)：××律师事务所

第四节 实训演练

一、基本案情

林女士居住在某地自建房内,近期当地为开发旅游度假区,开展了房屋征收及补偿工作。因迟迟无法就征地补偿达成一致,当地征收补偿工作指挥部向林女士发出通知,对该自建房采取了断水断电措施,导致林女士一家目前只能租房生活。林女士认为征收补偿工作指挥部严重侵犯其合法权益,通过朋友介绍联系上了你,希望你能为其提供法律服务,帮助其向法院提起行政诉讼,并通过电话的方式向你简单介绍了案件情况。电话咨询后,你邀请林女士两日后携带案件材料来律师事务所会面。会面前,通过政府网站等检索,你确定该工作指挥部是由当地街道办事处和当地旅游区管委会共同设立。

二、思考问题

(1)在会面之前,你应该做哪些准备工作?

(2)会面时,林女士询问你对案件是否有把握,胜诉概率是多少,你该如何应对?

(3)林女士提出按照最终获赔金额来支付律师费,并询问如果案件调解结案,能否退一部分费用,你该如何应对?

(4)律师费谈妥后,林女士突然提到该房屋户主是其90岁的老父亲,因为患有疾病无法来所里当面签署委托合同。林女士希望你把委托合同交给她,由她带给父亲签字后再转交给你,你该如何应对?

案例解析

第二章
政府法律顾问
业务的受理

政府法律顾问业务是指律师接受各级人民政府、政府工作部门的委托担任法律顾问、提供法律服务。得益于党和政府深入推进依法行政、加快建设法治政府，律师能够以政府法律顾问的身份更全面、更广泛、更频繁地参与政府工作。但是，许多新入行的青年律师会认为政府法律顾问业务属于"高端领域"，认为这一业务离自己比较遥远，因此对如何开拓与建立政府法律顾问业务知之甚少。开拓业务、建立业务关系是律师工作的基础，目前律师同行间对于开拓、建立民事法律业务已经有了一套较为成熟的经验传授体系，但是政府法律顾问业务有其特殊性，律师需要以不同的思路去开拓、受理政府法律顾问业务，同时在实践中积累经验并加以总结、概括。

第一节　业务拓客

一、基本内容

推进依法治国、建设法治政府已然成为时代的主旋律,在这一过程中律师是不可或缺的重要角色,而政府法律顾问则是律师参与法治政府建设的重要形式。中共中央办公厅、国务院办公厅印发的《关于推行法律顾问制度和公职律师公司律师制度的意见》以及各地人民政府发布的有关推进法律顾问工作的文件(如浙江省人民政府办公厅印发的《浙江省人民政府法律顾问工作规则》以及中共杭州市委办公厅、杭州市政府办公厅印发的《关于推行法律顾问制度和公职律师公司律师制度的实施意见》)都为律师从事政府法律顾问业务提供了制度保障。

对律师来说,政府法律顾问业务有诸多优势:从业务发展的角度而言,行政机关更愿意与固定的律师或者团队保持常年合作关系,因此政府法律顾问业务一般较为稳定,律师可以节省一部分用于开拓客户的时间和精力,将自身业务发展的关注度更多地聚焦在提升专业水平、打造专业团队上面;从职业形象塑造的角度而言,律师担任政府法律顾问可以给其他客户塑造专业、可靠的形象,增加客户的信任感和满意度;从时代趋势而言,各级政府、政府部门都越来越重视法律顾问,律师自然而然可以顺应潮流参与到政府工作当中,同时,律师担任政府法律顾问可以有更多机会接触到政策制定、城市建设等政府中心工作,可以站在一个更高的角度看待各类经济问题、社会问题和发展问题,开阔自己的眼界,优化自己思考问题的方式。

政府法律顾问业务具有较强的专业性,行政机关对受聘律师的要求较高,有一定经验的政府法律顾问律师及其规模化的团队已经通过多年的耕耘以及积累在当地行政机关间积累了较好的口碑,更容易获得当地的政府法律顾问业务,新入行的青年律师如果想要在这一业务领域有所作为,需要投入更多的思考和实践。我们认为,青年律师仍有一定的机会能够参与到政府法律顾问业务当中,甚至将这一业务作为自己的主要发展方向。

(一) 政府法律顾问业务拓客的传统模式

律师的业务拓客是指寻找客户、获得案源的过程。传统的拓客方式有积累口碑、熟人介绍等,这些方式对于政府法律顾问业务也不例外。比如,在当地较有名气的资深律师凭借其高素质的执业水平和较强的人脉,有更多的机会可以接触到行政机关,可以更好地了解行政机关的法律顾问需求,同时也更容易获得行政机关的信任。再比如,部分体制内的工作人员从行政机关离职后进入律师行业,由于其熟悉该单位的法律法规、办事流程、业务特点,并且在相关的工作条线上积累了一定的人脉资源,因此对于开拓政府法律顾问业务以及后续提供法律顾问服务具有一定的优势。

上述政府法律顾问业务的传统拓客模式对于新执业的青年律师来说有一定的门槛,青年律师一般在办案经验和人脉方面不具有优势,因此难以用传统模式开拓政府法律顾问业务。事实上,在这一传统模式之下,青年律师可以"借力"于资深的政府法律顾问律师,也即加入现有的、成熟的政府法律顾问团队,从而参与到相关业务当中。政府法律顾问业务有一个明显的特点:行政机关对顾问律师有较高的时效性要求,而且行政机关的各项工作往往需要在瞬息变化中果断决策、精准施策,由此要求顾问律师对服务需求做到有求必应、随时响应。顾问律师在响应行政机关的服务需求的过程中会产生大量的文书写作、线下沟通工作,这些环节都需要律师投入大量的时间和精力。因此,即使是成熟的政府法律顾问团队也需要不断扩充队伍人数、招揽人才。新执业的青年律师如有意向从事政府法律顾问业务,甚至有志于专门从事这一业务、将来在这一业务领域有所建树,可以加入律所内部成熟的政府法律顾问团队,进而参与到政府法律顾问工作当中。青年律师在参与团队工作的过程中,可以广泛参与团队的各项工作,充分了解政府法律顾问业务的特点,不断积累相关的业务知识和技能,努力使自己从资深律师的"助手"转变为业务的主办人,这样才有可能在将来独立承揽政府法律顾问业务。

(二) 政府法律顾问业务的招投标模式

《政府采购法》第二条规定:"在中华人民共和国境内进行的政府采购适用本法。本法所称政府采购,是指各级国家机关、事业单位和团体组织,使用财政性资金采购依法制定的集中采购目录以内的或者采购限额标准以上的货物、工程和服务的行为。""本法所称货物,是指各种形态和种类的物品,包括原材料、燃料、设备、产品等。本法所称工程,是指建设工程,包括建筑物和构筑物的新建、改建、扩建、装修、拆除、修缮等。本法所称服务,是指除货物和工程以外的其他政府采购对象。"这一规定为政府法律顾问业务纳入政府采购范畴进行管理提供了法律依据,因此各级行政机关采购政府法律顾问业务可以从政府采购的角度予以经费保障。一些地方人民政府也已明确规定对政府聘任政府法律顾问予以经费保障,如《杭州市人民政府办公厅关于全面推行政府法律顾问制度的意见》规定"聘任政府法律顾问及其工作所需经费纳入政府法制机构或聘任单位的政府购买服务预算予以保障"。招投标是政府采购的一种重要方式,其最大的优势在于能够充分体现"公开、公平、公正"的市场竞争原则。通过招标采购,众多投标人可以公平竞争,招标人可以以最低或较低的价格获得最优的货物、工程或服务,从而达到提高经济效益和社会效益、提高财政资金使用效率的目的。虽然现行的法律法规并没有强制性规定行政机关采购政府法律服务必须以招投标形式进行,但是有相当数量的行政机关考虑到招投标方式的上述优点,通常愿意以招投标形式统一采购政府法律服务。

根据政府采购的招投标要求,招标内容必须进行公示。目前,从国务院到省、市、区的各级政府或财政部门大部分都开设了专门的采购网站,这些网站会第一时间公布各级行政机关的政府法律顾问采购需求,并且有明确的采购要求、预算金额等信息。律师可以对照采购文件的要求,考虑自己是否有能力应标。如果某些招标的采购需求较高,律师可以考虑与政府法律顾问领域资深的律师合作,组成顾问团队进行应标,由自己负责投标的具体工作,中标后在资深律师的帮扶下顺利推进顾问工作。对于一些需求简单、限制较少的政府法律服务采购,律师则完全可以组建自己的团队应标并提供服务。

如果需要收集各类政府法律服务采购招标信息,可以考虑以下几个途径:

第一,最直接、最权威的是各级政府或财政部门官方网站上发布的各类采购招标信息,但是通过这一途径收集的信息较为零散,律师搜索的目标性也不强。

第二,目前已有一些第三方平台对各类采购招标信息进行整合并提供检索服务,例如"企查查"平台下面的"标找找"网站,在上面以"法律服务"为关键字,并且限定地区以后,网站就会跳出特定地区内的各类政府法律服务采购招标信息。

第三,市面上有一些第三方服务平台会定期收集各类政府法律服务采购招标信息,并向律师在律所或者其他平台公开的邮箱发送邮件,提供招标线索,如律师通过这类线索成功中标的,第三方服务平台会收取一定的服务费。

二、要点提示

政府法律顾问业务的拓客对象是各级行政机关,拓客的关键点在于塑造律师的专业形象,这样才能在获取案源后将其转化为自己的业务。同时,在拓客过程中,应当注意律师业务推广的合规性。

(一)加入或者组建政府法律顾问团队

首先,团队可以确定一个契合政府法律顾问业务的名称甚至设计一个标志,便于对外宣传、展示。其次,团队需要有几名固定成员,并且可以邀请一两位资深律师加入团队,团队日常工作可以由固定成员对接、消化,涉及重大、疑难的咨询事项或者案件时,可以寻求资深律师的帮助。

(二)制作并巧妙利用律所(团队)宣传手册

律所或者团队的宣传手册可以以律所(团队)的创办过程、过往办案经验、主要荣誉、律师个人形象等作为主要内容,在设计、纸张、包装方面反复推敲后进行制作。宣传手册可以较好地向受众展示律师以及团队的专业形象,信息传递效率较高,宣传展示效果良好。在招投标过程中,可以将宣传手册放入投标文件中,向招标单位更好地呈现律师和团队的专业性。

(三)拓客过程中应当确保律师业务推广的合规性

律师的执业活动对内而言受到行业协会的约束,对外而言受到司法行政机关的监管。律师在拓客过程中,各项推广行为不能违反行业纪律,更加不能触碰监管红线。具体而言,拓客过程中不能对自己或者律所进行虚假宣传,不能明示或者暗示与司法机关、政府单位等具有特殊关系,不能承诺办案结果、胜诉率等脱离办案客观规律的内容。

●●●●●●● **法条链接**

《中华全国律师协会律师业务推广行为规则(试行)》

第十条　律师、律师事务所进行业务推广时,不得有下列行为:

(一)虚假、误导性或者夸大性宣传;

(二)与登记注册信息不一致;

(三)明示或者暗示与司法机关、政府机关、社会团体、中介机构及其工作人员有特殊关系;

(四)贬低其他律师事务所或者律师的;或与其他律师事务所、其他律师之间进行比较宣传;

(五)承诺办案结果;

(六)宣示胜诉率、赔偿额、标的额等可能使公众对律师、律师事务所产生不合理期望;

(七)明示或者暗示提供回扣或者其他利益;

(八)不收费或者减低收费(法律援助案件除外);

(九)未经客户许可发布的客户信息;

(十)与律师职业不相称的文字、图案、图片和视听资料;

(十一)在非履行律师协会任职职责的活动中使用律师协会任职的职务;

(十二)使用中国、中华、全国、外国国家名称等字样,或者未经同意使用国际组织、国家机关、政府组织、行业协会名称;

(十三)法律、法规、规章、行业规范规定的其他禁止性内容。

第十一条　禁止以下列方式发布业务推广信息:

(一)采用艺术夸张手段制作、发布业务推广信息;

(二)在公共场所粘贴、散发业务推广信息;

(三)以电话、信函、短信、电子邮件等方式针对不特定主体进行业务推广;

(四)在法院、检察院、看守所、公安机关、监狱、仲裁委员会等场所附近以广告牌、移动广告、电子信息显示牌等形式发布业务推广信息;

(五)其他有损律师职业形象和律师行业整体利益的业务推广方式。

第二节　业务的洽谈

一、基本内容

律师在成功获取政府法律顾问的合作机会后需要与客户见面洽谈,实质性地了解客户的需求,并且向客户提供法律顾问服务的方案,促成顾问合作。可以说,业务洽谈是与客户签订政府法律顾问合同前的最后一步,也是与客户面对面交流的第一步,在洽谈的过程中要注意为日后的服务工作打下基础。

(一)洽谈前的准备工作

1.与行政机关的联系人确定好会面的时间、地点

在民事案件中,律师可以邀请当事人来事务所洽谈。但是与民事案件的洽谈不同,洽谈政府法律顾问服务时,一般情况下,律师不会要求行政机关的工作人员或者领导根据律师的时间来到事务所洽谈,而是只能根据对方的工作安排前往行政机关的办公场地见面洽谈。实践中,行政机关领导的工作安排是非常紧凑的,律师对于这类会面万不可出现迟到的现象,否则不仅这一单业务难以签约,还会对自己的声誉造成严重影响。在会面前,律师应当与领导约好具体的时间、地点,地点要具体到行政机关办公场所的哪一层楼、哪间办公室,并提前规划好导航行程及停车地点。

2.提前了解行政机关的领导级别和工作重点

当律师与行政机关洽谈政府法律顾问业务时,通常会有一位负责该单位法治工作的正职或者副职领导参与,律师需要事先了解该行政机关的组织架构,特别是领导的级别及称呼,切忌在会面时叫错领导人员的称呼。目前各个行政机关的官网上一般都会公示主要领导的姓名、职务和分管工作,有些还会附有领导的证件照,律师可以事先上网了解。如果律师需要与多位领导见面,可以事先通过官网公示的照片熟悉每位领导的相貌,避免会面时一时紧张混

淆了不同人的称呼。

不同行政机关的工作重点各不相同,这就决定了律师提供服务的方案需要针对性地进行制定。律师可以通过行政机关的微信公众号、网页公开报道等了解该单位的工作职能和日常工作的重点,并提前考虑律师的专业知识应当如何嵌入该单位的日常工作。在与行政机关的业务洽谈过程中,对方通常会向律师提出一些问题以考量律师的法律素养和专业水平,这就要求律师对照该单位的日常工作与自己专业知识、专业方向提前进行准备。

3. 提前了解该行政机关的常发性行政争议

不同的行政机关具有不同的工作职责与工作范围,需要由律师处理的行政争议也各不相同。例如,地方人民政府最常见的行政争议是信息公开类案件、征地类案件以及拆除违法建筑类案件,城市管理执法部门和市场监督管理部门最常见的行政争议是行政处罚类案件,规划和自然资源部门则是涉及土地登记信息的信息公开类案件。律师可以利用"北大法宝""裁判文书网"等第三方平台检索该行政机关过往的行政诉讼案件,通过查阅裁判文书可以提前了解到该行政机关的行政争议高发领域,并提前做好与之相关的知识储备。

上述洽谈前的准备工作可以帮助我们尽量给行政机关留下一个较好的第一印象,下一步就可以进入业务洽谈的核心内容。

4. 做好形象管理、准备随身物品

行政机关的工作关系到一方的经济发展、社会稳定,必须保持严肃,因此行政机关要求本单位聘任的法律顾问是严肃的、专业的,对于初次会面而言,外在的第一印象直接影响了客户对我们的判断。男律师应当着正装系领带,女律师则应当着正式的服装并可以化淡妆。

另外,在首次会面前,应当准备好名片、电脑、笔记本、签字笔等随身物品。首次会面时应当向对方参与会谈的人员发放名片,这是最基本的礼仪,在会谈过程中,应当对关键内容做好书面记录,电脑则用于展示电子文档。

(二)洽谈的要点

1. 明确顾问服务范围

政府顾问法律服务的范围通常包括日常咨询、培训讲座、规范性文件审查、行政协议审查、协助处理依申请信息公开等内容。服务范围如此之广,就

要求我们和行政机关的领导洽谈时明确本次顾问服务的具体内容。政府法律顾问工作有一个特点，即在正式介入相应行政机关的顾问工作后，大部分行政机关都会安排专门的联系人与律师联系，但是部分行政机关可能没有，这个时候行政机关内各科室的人员都有可能直接与律师联系、沟通法律服务事项。如果前期在顾问合同的服务范围内没有明确具体的服务内容，后期顾问律师在面对各科室工作人员不断提出的各种超范围服务要求时，可能会产生沟通上的障碍、增加沟通成本甚至耽误工作进程。因此，律师需要在与行政机关洽谈业务时明确顾问服务范围内的服务内容。

其次，明确服务范围内的事项并不是依据律师的主观判断或者行政机关的主观判断而定，而是需要考虑该行政机关的工作特点。例如，律师代理行政机关的行政复议案件需要花费较多的精力和时间，部分行政机关又不愿意就行政复议案件单独付费，希望顾问服务的服务范围包括律师代理行政复议案件，但是如果该行政机关每年的行政复议案件比较多，律师可能需要提前约定顾问合同范围内办理的行政复议案件数量的上限，如果行政机关就超出该上限的行政复议案件继续委托律师办理的，需要单独签订委托代理合同。律师可以在业务洽谈时向行政机关的工作人员询问各项工作的工作量，如某项工作的发生频次特别高、工作量特别大，有可能对律师的要求比较高，律师需要相应调整服务方案。

最后，律师可以在洽谈法律顾问业务时提出在顾问服务年限内为行政机关提供若干次数（一般是1～2次）的培训、讲座，这个可以成为帮助律师顺利签约的加分项。面向行政机关的培训、讲座一般有比较好的普法意义、宣传意义，容易获得行政机关的好评与青睐，行政机关也可以将律师提供的培训、讲座作为本单位开展法治教育、推进依法行政工作的素材。

2.提前告知需要单独收费的服务内容

前文提到，律师需要在与行政机关的领导洽谈顾问服务时明确服务范围，此时也要一并告知服务范围外的单项法律服务需要单独签订委托合同、单独收费。一般而言，律师代理行政机关应诉行政复议、行政诉讼类案件需要付出较多的时间成本、精力成本，有可能会涉及单独收费，大部分行政机关对此也都会理解和认同。律师在见面会谈时可以就行政复议、行政诉讼类案件的收费标准一并商谈，一般此类案件可以约定按照标的额收费或者按照案件的件数收费。

除了行政复议、行政诉讼类案件,以及前文提到的某些工作量特别大的顾问服务事项外,一般情况下不建议针对其余的顾问服务项目进行单独收费,因为律师还没开始提供服务就讨论太多的收费内容会引起行政机关领导和工作人员的反感,毕竟他们对法律服务的工作性质、工作内容没有直观的理解,律师一味强调收费会引起对方厌恶。可行的应对方法是提前说明顾问服务的具体工作范围,如在服务过程中行政机关提出了工作范围以外的需求,可以视情况商议单独收费。

3.商谈顾问费的注意点

顾问费是律师提供政府法律顾问服务的物质基础,也是业务洽谈过程中的重点。律师提出的收费方案如费用过高超过行政机关的预算,可能失去合作机会;如果费用过低则有可能使得自己的工作得不到应有的回报,影响工作的积极性和工作效率。

前面已经提到,行政机关采购政府法律顾问业务属于政府采购,需要受到一定的约束与规制。同时,行政机关内部对各项支出都有严格的要求,需要随时接受财政审计的监督。律师收取顾问费的基础首先当然是顾问工作需要投入的时间和工作量,律师可以基于该单位的工作量并结合自己过往服务过的客户的收费标准提出意见,但是同时也要考虑到行政机关的财政预算以及上级单位对法律顾问服务费用的规定。

(三)律师助理或者实习生在洽谈时的注意事项

律师助理或者实习生在参与洽谈时,应当按照前文内容做好仪容仪表的准备工作和笔记本、签字笔等物件的准备工作,以免指导老师忘带纸笔产生尴尬。律师助理或者实习生应当在与客户会面洽谈前,向指导老师确定洽谈的要点并且提前做好记录,如在实际洽谈过程中指导老师遗漏了洽谈要点,律师助理或者实习生可以适当提示指导老师。此外,律师助理或者实习生应当在指导老师与客户洽谈时认真做好记录,对于法律顾问工作的顾问服务期限、服务范围、顾问费的支付等重点问题应当做好记录,在洽谈结束后及时做好顾问合同的文本交给指导老师。

二、要点提示

律师与行政机关洽谈政府法律顾问业务通常是双方的第一次正式接触，洽谈的效果决定了双方是否能建立合作关系，律师应当重视洽谈的机会，把握好洽谈的节奏和重点。

（一）提前前往洽谈地点，避免迟到

政府法律顾问业务的洽谈基本都是由律师前往行政机关的办公场地，如果律师开车前往还可能碰上某些政府单位无法停车的情况。如约赴会是洽谈的首要礼仪，在会面洽谈的前一天，律师应当事先通过导航了解路线和需要花费的时间，确保第二天准时出发、提前到场。如开车前往的可以事先向行政机关的工作人员询问是否可以在对方的单位内部停车。

（二）向客户展示自己过往的行政法律业务办案经历

行政机关的领导和工作人员了解律师专业水平最直观的依据就是律师过往的业务经历，具体包括律师曾经服务过的行政单位数量，曾经办理过的行政复议、诉讼案件数量以及办案结果等内容。在洽谈过程中，律师可以适时向客户展示自己的业务经历，让客户了解律师的业务经历与他们的日常工作有哪些契合点，这一工作有利于潜在客户第一时间对律师建立信任感，帮助律师顺利建立合作关系。律师可以从下面几个方面向特定的客户重点展示过往的办案经历：

（1）是否曾经服务过与该客户相同类型的行政机关？

（2）是否曾经处理过该客户行政案件高发领域的同类型案件？

（3）是否曾经处理过该客户经常性发生的同类型法律事务？

（4）是否有该客户重点关注的法律服务方面的典型案例或者荣誉？

（三）向客户强调政府法律顾问的风险防范作用

行政机关对政府法律顾问的传统印象是"消防员"角色，政府法律顾问往往在发生行政争议后被动介入纠纷化解工作。实际上，政府法律顾问更大的价值在于风险防范，也就是充当行政机关的"智囊团"。在与客户洽谈的过程中,可以重点向客户介绍律师能够提前介入政府的中心工作,提前介入重大决策、重大行政行为,提前介入法律法规、规范性文件的起草与论证,这些都可以提前防范法律风险,将发生行政争议的隐患消灭在初始阶段。通过这样的介绍,行政机关会更加重视法律顾问的作用,强化其聘请律师担任法律顾问的意愿。

第三节　业务关系的建立

一、基本内容

当律师完成政府法律顾问业务的洽谈之后,就可以着手签订顾问合同以及为正式提供顾问服务做准备。部分新入行的律师容易忽视这个环节,想当然地认为既然已经谈下这单业务,后面的签约和提供服务是自然而然的事情。但是,律师工作是一项严肃的内容,律师对外展示的工作成果以及提供的服务都应当追求完美,避免给客户留下不良印象。

(一) 签订顾问合同

各地司法行政机关通常会制定政府法律顾问合同的模板,各个律师事务所也都有自己的格式版本,因此关于顾问合同的格式和通用条款在此不做讨论。

律师在签订民事业务当中的企业法律顾问合同或者诉讼案件的委托代理合同时往往只需要关注到服务范围(代理范围)以及律师费即可,这是因为在民事业务当中,律师服务的对象是各类商事主体,签订合同的主要目的是厘清双方的法律服务关系、防止日后发生纠纷。但是政府法律顾问合同的对象是行政机关,签订顾问合同的目的除了约定双方的权利义务关系,更多的是照顾到行政机关的各项实际需求。

首先,顾问合同中应当特别注重服务范围的相关约定,在前一节"业务的洽谈"中我们已经讲到,政府法律顾问服务业务具有特殊性,如在没有服务范围的前提下贸然提供顾问服务,有可能造成沟通过程中的误会,或者增加律师的服务成本,甚至使得客户对律师的服务态度、服务水平产生怀疑。因此,顾问合同有必要明确约定服务范围具体包括哪些业务,并且对顾问服务范围以外单独收费的服务内容进行约定。

其次,各地行政机关内部基本都会考核依法行政工作的开展情况,因此对行政机关选聘顾问律师的服务期限、律师资质等均有要求。例如,律师提供的顾问合同的服务期限应当与行政机关此前聘请的法律顾问的服务期限相衔接,避免行政机关出现聘任顾问律师的"空白期"。政府法律顾问工作由于其专业性和严肃性,对行政机关选聘的顾问律师的资质一般也有要求,除了"具有专业的法律知识""在当地具有一定影响力"等这一类宽泛的要求,部分行政机关对顾问律师的执业年限和过往的办案经历会提出要求,对此,顾问合同的"顾问律师"一栏应当填写符合要求的律师的名字,其他参与顾问工作但是不符合顾问律师聘任要求的人员(包括执业律师、律师助理等)不能填入"顾问律师"一栏,而是可以在"其他约定"处约定这些人员辅助顾问律师提供顾问服务。

最后,律师还需要注意最终提交给行政机关的合同文本中应当避免出现错别字或者格式错误,保证合同装订整齐、干净。

(二) 做好顾问服务前的预备性工作

在建立业务关系这一阶段,除了签订顾问合同,我们结合实践过程中的经验,建议进行一些预备性工作以便日后更好地为行政机关提供政府法律顾问服务。

1. 确定双方的联系人

行政机关的日常工作繁重且有明确分工,律师在提供顾问服务的过程中,极有可能需要多个部门、科室配合。为了提高沟通效率,律师可以与行政机关内部固定的一两名工作人员对接日常工作,遇到需要该单位内部配合的事项也由这一两名工作人员进行协调。因此,律师可以在签约这一阶段就向行政机关明确日常沟通的联系人,律师在开展工作过程中直接与联系人沟通工作、向其请求协助就会顺理成章。相应地,律师也应当明确己方的联系人并提供参与顾问服务工作的所有律师、助理的通讯录,方便客户就法律服务事项可以与作为联系人的律师联系,也可以直接与经办律师联系。

2.提前了解行政机关的法律顾问工作特点

每个行政机关都有自己的工作特点,相应地也会对法律顾问工作提出不同要求。如:各级人民政府的工作有相对较强的综合性,需要律师提供法律服务的工作基本集中在土地、房屋、信访等领域;政府工作部门的工作基本基于其行政职能集中在特定领域,比如城市管理执法部门、规划和自然资源部门、农业部门,这些部门需要律师提供法律服务的重点也围绕着其核心的行政职能展开。因此,不管是各级人民政府或者是政府的工作部门,需要律师有所作为的工作范畴基本是固定的,也就有规律可循。律师可以提前向行政机关提出请求,在合规、允许的范围内,获取该单位过往的行政诉讼案件、行政复议案件资料,以及信息公开、信访、行政合同等方面的资料,方便律师提前规划顾问服务工作的重点,更加有针对性地提供法律顾问服务、开展具体工作。

二、要点提示

律师在与行政机关签订顾问合同阶段有可能因为一些细节问题遭遇障碍,对此需要特别予以重视。

(一)注意顾问费支付方式

目前部分地区的行政机关在进行机构和行政体制改革,一些地方人民政府的法制工作职能由内部的法制办公室转移到了司法局,顾问费可能也是由司法局来支付,因此出现了接受法律顾问服务的主体(地方人民政府)和支付顾问费的主体(司法局)不一致的情况。为此,律师需要在设计顾问合同时将付款主体也作为合同主体之一,并且在顾问费支付、发票开具部分特别约定相应的付款主体以及律师事务所开具发票的对象。另外,各地律师事务所由于不同的监管要求,对能否将付款主体和接受顾问服务的主体进行区分这一点也有不同做法,律师需要在所内提前沟通好相关事项,避免日后向客户开具发票、客户支付律师费时产生障碍。

（二）顾问合同应当预留签字的位置

行政机关实行领导责任制，相应的财务支出需要由领导人员签字同意，法律顾问费也一样。因此大部分行政机关的领导人员需要在顾问合同上签字，律师在设计顾问合同的时候，需要提前预留好签字的位置。并且，律师将顾问合同交给行政机关进行审批盖章流程前应当确保顾问合同上已经加盖了律所公章并且有团队负责律师的签字。

（三）顾问合同应有相应的保密约定

行政机关对保密工作的要求较高，虽然不会就此专门要求律师进行保密承诺、签署保密文件，但我们建议可以在顾问合同中主动放入律师的保密义务，行政机关的领导或者经办人员看到这些保密有关的内容时，会非常认可律师的严谨度和专业度，也会认为律师具有政府法律顾问服务的丰富经验。

三、法律文书

相关的法律文书为《聘请常年法律顾问合同》，参考范本如下。

聘请常年法律顾问合同

聘请人（甲方）：×××

地　　址：×××××××

受聘执业机构（乙方）：××律师事务所

地　　址：×××××××

甲、乙双方依据《中华人民共和国律师法》和其他相关法律、法规，就甲方聘请乙方提供常年法律顾问服务事项达成一致，于××××年××月××日订立本合同。

1.法律顾问服务范围

甲方聘请乙方律师为常年法律顾问,就下列事项为甲方提供经常性法律帮助:

(1)为甲方的重大行政决策、行政行为、行政合同行为提供法律意见或进行合法性论证;

(2)参与甲方实施的重大事项、重要行政行为的风险评估,为重大事项风险防范提供法律论证意见;

(3)对甲方起草或者拟发布的规范性文件进行法律审查,提出修改、补充意见或建议;

(4)协助审查甲方的重大合同和重要法律文书;

(5)协助处理甲方的行政复议案件、重大信访案件和突发性事件;

(6)代理甲方参加诉讼;

(7)协助开展甲方工作人员的法律培训,本次顾问服务期限内乙方承诺至少提供一次培训;

(8)提供国家法律、法规和规范性文件等信息资料,就甲方履职情况提供法律意见;接受并解答甲方工作人员有关行政决策、管理和服务的法律咨询;

(9)根据服务事项的具体情况,依法进行必要调查,出具相关的律师函、法律意见书;

(10)其他法律事务。

2.承办律师及助理

(1)乙方接受甲方的聘请要求,指派××律师担任甲方的常年法律顾问(以下简称律师)。

(2)甲方同意乙方及其所指派的律师在认为必要时可将部分法律服务工作交由乙方的其他律师及助理人员协助完成。

3.聘请年限

双方商定乙方为甲方提供常年法律顾问服务的期限为××年,自××××年××月××日起至××××年××月××日止。

4.常年法律顾问费

常年法律顾问费按人民币××元/年计取;常年法律顾问费的支付方式为××。

5.发票

略。

6.代理

若乙方代理甲方参加诉讼活动时,甲方应另行办理委托手续并支付律师费用。乙方应优先接受委托,并按乙方的收费标准的××折给予优惠。

7.乙方及律师的义务

略。

8.甲方的义务

略。

9.保密

(1)乙方和律师对提供服务时知悉的甲方国家秘密、工作秘密、商业秘密或甲方工作人员个人隐私,应当予以保密,在未征得甲方同意的情况下,不得向第三方泄露。

(2)甲方有特殊保密要求的,应当另行签订保密协议,以保密协议的约定为准。

10.其他约定

除上述条款约定外,乙方和甲方就如下内容达成一致的约定:

乙方组成法律顾问团队专门为甲方提供常年法律顾问服务,除本合同第二条约定的承办律师外,乙方同时指派××律师、××律师(实习)作为辅助律师,协助××律师共同向甲方提供常年法律顾问服务。

11.生效条件

略。

12.本合同空格部分填写的文字与印刷文字具有同等效力。

13.本合同一式两份,甲乙双方各执一份。

聘请人(盖章):××

负责人签字:

受聘执业机构人(盖章):××律师事务所

负责人签字:

第四节　实训演练

一、基本案情

　　你通过多次接触、磋商,获得了一次与浙江省某地 A 镇人民政府进行政府法律顾问合作的机会。该镇政府分管法治工作的何姓副镇长邀约你在下周二上午 9 点在镇政府大楼的三楼会议室见面商谈。你根据当地的政府法律顾问收费的普遍情况以及该镇政府的法律顾问工作量,预估报价 X 万元每年的顾问费,代理复议案件、诉讼案件的,另行按照案件数量收费。

　　周二上午 8 点 42 分,你到达约定会面的地点,但是 9 点到了你发现并没有任何领导或者工作人员到场。等到 9 点 30 分,何镇长和党政办主任匆匆赶到,表示前面有一个会议耽误了时间。双方商谈法律顾问合作的过程中,何镇长询问你此前是否有过服务乡镇人民政府的经历,同时提出镇里的财政比较紧张,顾问费能否下调 2 万元。

二、思考问题

　　(1)当你碰到何镇长在约定时间点未赴约的情况,应当如何处理?

　　(2)何镇长询问你此前是否有过服务乡镇人民政府的经历,但是实际上你并没有此类经历,你该如何回答?

　　(3)何镇长要求下调顾问费 2 万元,你该如何应对?

案例解析

第二编

行政诉讼

　　行政诉讼实务是行政法律实务的核心,也是办理其他行政法律实务的基础,无论是从事政府法律顾问服务,还是行政复议和行政赔偿法律实务都有可能最终会走向行政诉讼实务,办理不好行政诉讼实务,也无法办理好其他行政法律实务,学习好行政诉讼实务也是处理其他行政法律实务的重要前提。本编涵盖了行政诉讼一审诉讼实务中的四个阶段,包括:如何确定行政诉讼主体,如何判断案件是否属于行政诉讼受案范围,该向哪一层级的哪家法院提起诉讼,诉前的准备工作如何进行,庭审中需要注意哪些问题、可以运用哪些庭审技巧;二审中应注意的一些问题,二审与一审有什么区别,审判监督和执行程序如何进行,当事人和代理人可以做哪些工作;等等。

　　行政诉讼第一审程序是人民法院审查范围最广、审查内容最完整的程序，相较于第二审程序和审判监督程序，它是司法保障的第一道防线，是行政诉讼的基础，也是当事人想要获得权利保障的第一个考验。能否顺利开启一审诉讼是当事人能否迈进法院大门的关键。而成功提起诉讼并不代表法院一定会受理，想要法院受理必须满足《行政诉讼法》第四十九条的规定，即"提起诉讼应当符合下列条件：（一）原告是符合本法第二十五条规定的公民、法人或者其他组织；（二）有明确的被告；（三）有具体的诉讼请求和事实根据；（四）属于人民法院受案范围和受诉人民法院管辖"。然而除了法条明文规定的条件外，原告、被告是否具有资格，法院的受案范围等也是在一审诉讼程序开始前所必须解决的问题，对提起诉讼条件的深入了解，不仅会提升诉讼效率，也有助于辩论策略的制定。同时，一审实务中的诉讼技巧也是新手律师在最初接触行政案件时特别需要把握的，希望本章能够就此内容提供实务上的思路和启发。

第一节　行政诉讼主体

一、基本内容

行政诉讼的参加人包括原告、被告、共同诉讼人、第三人、诉讼代理人以及诉讼的其他参与人如翻译人员、鉴定人员、证人等。而本节主要讨论的是享有诉讼权利、承担诉讼义务、与诉讼结果具有利害关系的行政诉讼主体，包括原告、被告、第三人及共同诉讼人，其中原告主体资格、被告主体资格的认定是一审诉讼开始以及顺利进行的前提，需引起重视。而行政处罚、行政许可等案件中都有存在第三人的可能性，所以也应当对行政诉讼第三人的判断标准、共同诉讼人的判断标准有所了解。

（一）原告主体资格的认定

行政诉讼中对原告主体资格进行认定是为了限制那些无诉讼利益滥用司法资源的起诉者，这种限制条件可以保证法院的审理效率，以及行政机关免受不当诉讼的诉累，是一个案件能否进入法院的第一层筛选机制。无论代理原告还是被告案件，首先要判断原告是否具有起诉资格。《行政诉讼法》第二十五条第一款规定："行政行为的相对人以及其他与行政行为有利害关系的公民、法人或者其他组织，有权提起诉讼。"该款将行政相对人与具有利害关系的公民、法人、其他组织赋予了进行行政诉讼的原告资格。行政行为的相对人作为行政行为的一方与行政行为具有直接利害关系可以作为原告，自不待言。行政行为相对人以外的其他公民、法人、组织在与行政行为具有法律上的利害关系时同样具有原告资格。那么，公民、法人、其他组织包含哪些？具有法律上的利害关系在实践中应当作何理解？原告的资格能否继受？实践中原告资格的认定涉及以下重要问题。

1. 公民、法人、其他组织的认定

公民是指具有中华人民共和国国籍的人。在行政法律关系中,公民应当按照法律、法规的规定行使权利和履行义务。一般情形下,公民是个体的行政相对人,但在特殊情形下,外国人、无国籍人、外国组织也可以作为行政诉讼的相对人,如出入境管理法中。但如果外国法院对我国公民、组织的行政诉讼权利加以限制的,我国法院也会对之限制,即所谓的对等原则。法人是指具有民事权利能力和民事行为能力,能依法独立行使民事权利、承担民事义务的组织。可以作为行政诉讼原告的法人包括企业法人、事业单位法人、社会团体法人和机关法人。其中,机关法人由于其职权和职责性质的关系而一般不作为行政相对人,但行政机关作为行政法律关系中被管理一方的机关法人时,可以成为行政相对人,如甲行政机关违反卫生方面的法律规定,被卫生部门处罚,此时甲行政机关可以作为行政相对人。

其他组织是指能够从事一定的生产经营活动,但不具备法人资格的社会组织或经济组织。主要包括:依法登记领取营业执照的私营独资企业、合伙企业、企业法人分支机构和其他不具备法人资格的经营实体和公益团体等。

2. 起诉的名义

起诉时,公民应当以自己的名义提起诉讼,法人和其他组织应当以什么名义提起诉讼,最高人民法院在《行诉解释》第十五条至第十八条作了规定,即公司法人以自己名义提起诉讼;合伙企业向人民法院提起诉讼的,应当以核准登记的字号为原告,没有领取营业执照的以全体合伙人为共同原告,也可以由全体合伙人推选代表人,被推选的代表人作为原告;个体工商户向人民法院提起诉讼的,应当以营业执照上登记的经营者为原告,有字号的,以营业执照上登记的字号为原告,并应当注明该字号经营者的基本信息;股份制企业的股东大会、股东会、董事会等认为行政机关作出的行政行为侵犯企业经营自主权的,可以企业名义提起诉讼;联营企业、中外合资或者合作企业的联营、合资、合作各方,认为联营、合资、合作企业权益或者自己一方合法权益受行政行为侵害的,可以自己的名义提起诉讼;非国有企业被行政机关注销、撤销、合并、强令兼并、出售、分立或者改变企业隶属关系的,该企业或者其法定代表人可以提起诉讼;事业单位、社会团体、基金会、社会服务机构等非营利法人的出资人、设立人认为行政行为损害法人合法权益的,可以自己的名义提起诉讼;业主委员会对于行政机关作出的涉及业主共有利益的行政行为,可以自己的名义提起诉讼;业主委员会不起诉的,专有部分占建筑物总面积过半数或者占总户数过半数的业主可以提起诉讼。

3.具有法律上利害关系的认定

是否具有法律上利害关系是判定原告资格的一大重要问题,这一要求意味着只有当行政机关的行为与当事人之间存在一定的权利义务关系时,当事人才具有原告资格。一般而言,当事人在起诉时往往都会认为行政机关侵害了自己的合法利益,但是否侵害了其利益,需要法院审查认定。实践中,法院通常以行政行为是否直接影响他人的利益,公民、法人、其他组织是否具有受到实质影响的可能性,以及侵害的利益是否为现实存在的利益作为判断标准。实践中,对于具有法律上利害关系的判断应当考虑以下因素:

第一,行政行为或其产生的结果是起诉人权利受到损害唯一且显而易见的原因。利害关系不可以无限扩大,只有具有直接利害关系时,该当事人才具有原告资格。例如,一个企业停产停业必然会造成该企业的职工无法按时取得工资,此时职工与处罚企业的行政处罚行为具有利害关系,但这种利害关系是间接的,属于处理结果导致的事实,不能被涵盖在利害关系范畴内,应当以与行政案件处理结果本身具有利害关系来认定,否则便会造成群体诉讼的巨大压力。

第二,只要权利具有受到损害的可能性即可,并不一定要已经造成损害。法院在审查利害关系时,进行的是一种可能性审查,而不是实质性审查,即行政机关的行为造成的损害可能侵害公民、法人、其他组织的权益,这种侵害的可能性由公民、法人、其他组织承担证明责任。如行政机关批准在某栋居民楼前建立新住宅,如果该新住宅的建立会遮挡原小区居民楼内房屋的采光,此时原小区居民受到的是可能的损害,而不是已经发生的损害,但原小区居民仍具有原告资格。

第三,起诉人受到损害具有一定的现实可能性。起诉人造成的损害既不能要求已经实际发生,也不能完全凭起诉人的主观认识,起诉人应当证明案件中存在客观的诉讼利益,以证明起诉人受到损害具备一定的现实性。

4.原告资格转移的问题

根据《行政诉讼法》第二十五条第二款、第三款的规定:"有权提起诉讼的公民死亡,其近亲属可以提起诉讼。有权提起诉讼的法人或者其他组织终止,承受其权利的法人或者其他组织可以提起诉讼。"原告资格转移给他人需要同时具备以下条件:①享有原告资格的人不存在。②起诉权仍然存在,且尚在起诉期限内。③法定权利承受人、机构存在。法定权利承受人为法律上的近亲属,近亲属的范围包括配偶、父母、子女、兄弟姐妹、祖父母、外祖父母、孙子女、外孙子女以及对公婆、岳父母尽了主要赡养义务的儿媳和女婿;法定承受机构为承受法人权利的组织。④继受权利人本身不具有原告资格。

5. 实践中常见的特殊原告类型

与行政相对人具有关系的受害人。加害人作为行政相对人被行政机关处罚时,受害人虽然不是行政行为的相对人,但对于该处罚结果具有利害关系,通常会要求行政机关加重对加害人的处罚或追究加害人的责任,行政机关的处理结果对受害人具有利害关系,因此受害人具有原告资格。

相邻权人。实践中行政机关在批准用地或批准建房时没有考虑到第三人的相邻权,使申请人盖起来的房子影响了相邻权人的采光、通行等权利的行使,虽然相邻权人不是行政行为的相对人,但该行政行为对其造成了不利的影响,相邻权人由此具有原告资格。

公平竞争权人。被诉具体行政行为涉及公平竞争权时,虽然公平竞争权人不是行政行为的相对人,但该行政行为对公平竞争权人产生实际的影响,这直接或间接地影响了公平竞争权人的人身和财产权利,公平竞争权人具有原告资格。

(二)被告主体资格的认定

行政诉讼的被告是指享有行政权,能以自己的名义行使行政权,并能独立承担法律责任的主体。《行政诉讼法》第二条规定:"公民、法人或者其他组织认为行政机关和行政机关工作人员的行政行为侵犯其合法权益,有权依照本法向人民法院提起诉讼。前款所称行政行为,包括法律、法规、规章授权的组织作出的行政行为。"《行诉解释》第二十条第二款规定:"法律、法规或者规章授权行使行政职权的行政机关内设机构、派出机构或者其他组织,超出法定授权范围实施行政行为,当事人不服提起诉讼的,应当以实施该行为的机构或者组织为被告。"第二十四条第一款规定:"当事人对村民委员会或者居民委员会依据法律、法规、规章的授权履行行政管理职责的行为不服提起诉讼的,以村民委员会或者居民委员会为被告。"可见,行政诉讼的被告包括行政机关及经法律、法规、规章授权的组织。然而并非任何时候行政机关、被授权的组织都具有被告资格,这只是具有被告资格的主体条件,具有被告资格还应具备其他条件,如,根据行政委托行使职权的组织就不具有被告资格。除此之外,涉及多个行政机关共同作出行政行为的案件中,在认定被告资格时也要根据实际情况进行认定。总体而言,被告主体资格的认定涉及以下重要内容。

1.行政机关作被告的情形

行政机关是指依照宪法和法律的规定,行使国家行政权力,组织管理国家行政事务的组织,主要包括各级人民政府和县级以上人民政府所属部门。

然而行政机关并非实施所有行为时都具有被告资格,仍需要在符合以下条件时才具有被告资格,不具有被告资格的机构不能独立对外承担法律责任。

行政性。行政机关是主要的行政主体,但是并不是行政机关在从事所有活动时都可以作为被告。如:行政机关在购买办公文具时,其并非在行使行政职权,而是处于一种民事法律关系中,此时行政机关并不具有行政主体资格。在管理内部事务时,只承担相应的责任,不对外行使职权,也不能成为行政诉讼中的行政主体。对此,可以从是不是以维护职权范围内的社会秩序为目的来判断其是否从事行政事务。只有在行使行政事务时其才具有被告资格。

外部性。行政机关实施的行为分为对内部实施的行为和对外部实施的行政行为,只有将相对人作为管理对象,以维护社会秩序为目的,对社会的事务进行管理的外部行政行为时,行政机关才具有被告资格。若是以维护行政机关的内部秩序为目的,以内部人员为管理对象,效力一般仅及于行政机关内部,不及于相对人的,属于对行政机关内部事务的管理,此时不具备被告的资格,除非这些内部事务在实质上对外部当事人产生了影响。

名义性。根据《行诉解释》第十九条"当事人不服经上级行政机关批准的行政行为,向人民法院提起诉讼的,以在对外发生法律效力的文书上署名的机关为被告",当事人应当以发生法律效力文书上的署名机关为被告提起诉讼。有时行政行为的署名机关并非最终决策者,但因为文书署名的形式标准,以及上下级机关之间的关系问题,不应将上级机关列为被告,而是以名义上的行政机关为被告,此时作出行政行为的行政机关具有被告资格。

2.法律、法规、规章授权的主体具有被告资格的情形

对于法律、法规、规章授权组织问题,法条仅规定其具有被告资格,如何授权、可以被授权的组织范围包括哪些、被授权的组织可以在多大范围内行使职权等问题可参考如下规定。

可以被授权的组织的范围。根据《行诉解释》第二十条、第二十四条的规定,可以授权的组织范围包括行政机关的内设机构、派出机构或者其他组织。其他组织包括高等学校等事业单位以及律师协会、注册会计师协会等行业协会。

授权的形式。此处的授权必须是法律、法规、规章的直接授权,即法律、法规、规章明确将某项行政管理职权授予某类组织,不包括间接授权,如《铁路法》第三条第三款规定:"国家铁路运输企业行使法律、行政法规授予的行政管理职能。"该条是法律直接在条文中规定国家铁路运输企业享有某项行政职权,属于授权。而《公路管理条例实施细则》第九条规定:"各级公路主管部门可根据实际情况设置公路管理机构。公路管理机构根据公路主管部门的授权,负责公路管理工作。"虽然此处也提到了授权,但这是一个行政机关"授权"另一组织或机构从事某项事务,这种"授权"不是法条直接对某个组织或机构的授权,属于间接授权,实际上产生的是委托的效果。在此情形下,该主体不能充当行政诉讼的被告。

授予行政职权的规范等级。法律、法规、规章以外的其他规范性文件都不具有授权的权力,如果在条文中进行了授权,也属于假授权真委托。

被授权的组织越权行使职权的问题。根据《行诉解释》第二十条第二款"法律、法规或者规章授权行使行政职权的行政机关内设机构、派出机构或者其他组织,超出法定授权范围实施行政行为,当事人不服提起诉讼的,应当以实施该行为的机构或者组织为被告",被授权的组织超出法定授权范围内行使行政行为,当事人仍应以实施该行为的机构或组织为被告。被授权的组织即使超出了职权范围行使权力,仍应当以被授权的组织作为被告。

3.被委托组织的被告资格问题

《行诉解释》第二十条第三款规定:"没有法律、法规或者规章规定,行政机关授权其内设机构、派出机构或者其他组织行使行政职权的,属于行政诉讼法第二十六条规定的委托。当事人不服提起诉讼的,应当以该行政机关为被

告。"行政委托是指在行政机关将自己职权范围内的行政职务一部分委托给另一个组织,由其代为行使,被委托的主体在行政职权范围内,以该行政机关的名义行使职权,由行政机关承担由此产生的法律责任的制度,被委托的组织实际是代行政机关行使职权,其本身不具有被告资格。行政委托可通过以下方式判断:

第一,行政机关的委托必须有法律、法规、规章的明确依据。即法律、法规规定行政机关可以将某项行政管理职权授权给某一组织行使,或规定行政机关可以委托某一组织从事行政管理活动。

第二,被委托的组织行使的职权来源于行政机关的委托,而不是直接来源于法律、法规的授予。

第三,被委托的组织必须具有管理公共事务的职能。

第四,被委托的主体只能在行政职权范围内,以行政机关的名义行使各项委托事项,由行政机关承担由此产生的法律责任。如《职业教育法》第二十二条第二款规定:"教育行政部门可以委托职业教育中心学校承担教育教学指导、教育质量评价、教师培训等职业教育公共管理和服务工作。"此时教育行政部门可将教学指导等事项委托给职业教育中心,由教育中心以行政机关的名义行使具体的行政管理权能,产生的后果由教育行政部门承担。

4.存在共同被告时的被告资格问题

两个以上行政机关作出同一行政行为的,共同作出行政行为的行政机关是共同被告。也就是说,两个以上行政机关在同一行政决定上署名盖章,应将两个行政机关作为共同被告。但是有一个例外,即在多个行政机关共同作出的行政许可中,不将行政许可上署名的全部机关作为被告,而是以对当事人作出具有实质影响的不利行为机关为被告。不过如果原告仅对部分被告提起诉讼,在法院释明后仍拒绝追加其他被告的,其他被告应当作为第三人参加诉讼,法院不做强制规定,但经过复议的案件有特殊认定被告的规定。《行诉解释》第二十六条第二款规定:"应当追加被告而原告不同意追加的,人民法院应当通知其以第三人的身份参加诉讼,但行政复议机关作共同被告的除外。"

经过复议的案件,如果是复议机关决定维持原行政行为的,作出原行政行为的行政机关和复议机关是共同被告;如果复议机关改变原行政行为的,复议机关是被告；如果复议机关在法定期限内没有作出复议决定的，那么公民、法人或者其他组织起诉原行政行为的，作出原行政行为的行政机关是被告；起诉复议机关不作为的，复议机关是被告。那么如何界定复议机关作出的决定是属于维持行政行为还是改变行政行为？《行诉解释》第二十二条规定："行政诉讼法第二十六条第二款规定的'复议机关改变原行政行为'，是指复议机关改变原行政行为的处理结果。复议机关改变原行政行为所认定的主要事实和证据、改变原行政行为所适用的规范依据，但未改变原行政行为处理结果的，视为复议机关维持原行政行为。复议机关确认原行政行为无效，属于改变原行政行为。复议机关确认原行政行为违法，属于改变原行政行为，但复议机关以违反法定程序为由确认原行政行为违法的除外。"此外，复议机关驳回复议申请的，属于复议机关维持原行政行为，但其中不符合复议受理条件而被驳回的，不属于复议机关维持原行政行为的情形。

（三）共同诉讼人

《行政诉讼法》第二十七条规定："当事人一方或者双方为二人以上，因同一行政行为发生的行政案件，或者因同类行政行为发生的行政案件、人民法院认为可以合并审理并经当事人同意的，为共同诉讼。"共同诉讼又分为必要共同诉讼和普通共同诉讼。因为对同一个行政行为起诉的案件客观上不具有可分性，所以对同一行政行为发生的诉讼叫必要共同诉讼。因同类行政行为发生的案件，人民法院认为可以合并，当事人又同意的，称为普通共同诉讼。同类案件是指两个行政行为的性质，作出行政行为的事实、理由相同，但本质上又是独立的诉讼。此时并不是必须放在一起审理，而是为了提升诉讼的效率才考虑合并审理的，所以称普通共同诉讼。在必要共同诉讼中，除了复议维持的案件必须由维持行政行为的复议机关和原行政机关共同作为被告外，其他必要共同诉讼中应当做共同原告、共同被告的当事人，不愿成为共同诉讼的原告、被告的，则其可以第三人的身份参加诉讼。

（四）第三人

行政诉讼中的第三人是指本可以做原告、被告的主体，因其怠于提起或因其他原因没有提起诉讼的，或认为同案件的处理结果具有利害关系，向法院申请参加诉讼或由法院通知参加诉讼的主体。根据《行诉解释》第二十六条第二款"应当追加被告而原告不同意追加的,人民法院应当通知其以第三人的身份参加诉讼,但行政复议机关作共同被告的除外"、第二十八条"人民法院追加共同诉讼的当事人时,应当通知其他当事人。应当追加的原告,已明确表示放弃实体权利的,可不予追加;既不愿意参加诉讼,又不放弃实体权利的,应追加为第三人,其不参加诉讼,不能阻碍人民法院对案件的审理和裁判"、《行政诉讼法》第二十九条"公民、法人或者其他组织同被诉行政行为有利害关系但没有提起诉讼,或者同案件处理结果有利害关系的,可以作为第三人申请参加诉讼,或者由人民法院通知参加诉讼"、《行诉解释》第三十条第一款"行政机关的同一行政行为涉及两个以上利害关系人,其中一部分利害关系人对行政行为不服提起诉讼,人民法院应当通知没有起诉的其他利害关系人作为第三人参加诉讼"的规定,是否为行政诉讼的第三人可以从如下两点判断:一是该主体是否具有作原告、被告的资格,即是否与行政行为具有利害关系。若具有作原告、被告的资格而未被作为原告、被告,则一定可以作为第三人。二是不具有作为原告、被告的资格,但与行政行为具有利害关系,也可以成为第三人。第三人既可以是与原告观点一致的原告方第三人、同意被告作出的行政行为但与原告的利益相冲突的被告方第三人,也可以是不支持任何一方观点具有独立地位的第三人。实践中第三人基本包括如下情形:

第一,必要共同诉讼中,具有多个适格被告,原告仅对部分被告提起诉讼,经过法院释明后,原告仍不同意追加被告的,人民法院应当通知剩下的被告以第三人的身份参加诉讼。但有一个例外是,经过复议且最终结果为复议维持原行政行为的案件,复议机关和作出原行为的行政机关为共同被告,即使原告不同意追加也不改变双方为共同被告的事实。

第二,同一行政行为涉及两个以上的利害关系人,只有部分利害关系人起诉,人民法院应当通知其他可以作为原告的当事人参加诉讼,其他利害关系人既不愿意参加诉讼,又不放弃实体权利的,法院应追加为第三人。比如存在多个没有获得资格的竞争权人,其中没有提起诉讼的竞争权人,行政裁决中被裁决的另一方等。

第三,除了行政行为的相关人对该行政行为提起诉讼的,行政行为的相对人作为第三人。如相邻权案件中,相邻权人认为行政行为导致自身的合法权益受损,提起行政诉讼,被诉行政行为的受益者可作为第三人参加诉讼。

二、要点提示

(一)判断原告资格时应注意是否与行政行为具有法律上的利害关系

除行政相对人(被行政主体所管理的一方)外,与行政行为具有法律上利害关系的主体也具有原告资格。作为原告的主体既可以是个人(包括我国的公民和国外的公民),也可以是组织(包括具有法人地位的组织,也包括不具有法人资格的组织)。此处的利害关系是指直接的、现实的、具有侵犯其权利义务的可能性的利害关系。

●●●●●●● **法条链接**

《行政诉讼法》

第二条第一款 公民、法人或者其他组织认为行政机关和行政机关工作人员的行政行为侵犯其合法权益,有权依照本法向人民法院提起诉讼。

第二十五条第一款 行政行为的相对人以及其他与行政行为有利害关系的公民、法人或者其他组织,有权提起诉讼。

(二)判断被告资格时应注意授权与委托的区别

行政机关,被法律、法规、规章授权的组织在从事行政性、外部性活动时,署名的行政机关具有被告资格。授权必须是法律、法规、规章的直接授权,若是由行政机关自行委托的属于委托,被委托的组织不具有被告资格,不能以自己的名义承担责任。

●●●●●●● 法条链接

《行政诉讼法》

第二条第二款 前款所称行政行为,包括法律、法规、规章授权的组织作出的行政行为。

第二十六条 公民、法人或者其他组织直接向人民法院提起诉讼的,作出行政行为的行政机关是被告。

经复议的案件,复议机关决定维持原行政行为的,作出原行政行为的行政机关和复议机关是共同被告;复议机关改变原行政行为的,复议机关是被告。

复议机关在法定期限内未作出复议决定,公民、法人或者其他组织起诉原行政行为的,作出原行政行为的行政机关是被告;起诉复议机关不作为的,复议机关是被告。

两个以上行政机关作出同一行政行为的,共同作出行政行为的行政机关是共同被告。

行政机关委托的组织所作的行政行为,委托的行政机关是被告。

行政机关被撤销或者职权变更的,继续行使其职权的行政机关是被告。

《最高人民法院关于适用〈中华人民共和国行政诉讼法〉的解释》

第二十条第二款 法律、法规或者规章授权行使行政职权的行政机关内设机构、派出机构或者其他组织,超出法定授权范围实施行政行为,当事人不服提起诉讼的,应当以实施该行为的机构或者组织为被告。

第二十条第三款 没有法律、法规或者规章规定,行政机关授权其内设机构、派出机构或者其他组织行使行政职权的,属于行政诉讼法第二十六条规定的委托。当事人不服提起诉讼的,应当以该行政机关为被告。

(三)判断第三人时应注意该第三人应与行政行为具有利害关系

若该主体具有作本案原告、被告的资格而未作原告、被告的,则一定可以作为第三人。若不具有作原告、被告资格,但与行政行为具有利害关系,也可以成为第三人。

●●●●●●● **法条链接**

《行政诉讼法》第二十九条第一款

公民、法人或者其他组织同被诉行政行为有利害关系但没有提起诉讼,或者同案件处理结果有利害关系的,可以作为第三人申请参加诉讼,或者由人民法院通知参加诉讼。

《最高人民法院关于适用〈中华人民共和国行政诉讼法〉的解释》

第二十六条第二款 应当追加被告而原告不同意追加的,人民法院应当通知其以第三人的身份参加诉讼,但行政复议机关作共同被告的除外。

第二十八条 人民法院追加共同诉讼的当事人时,应当通知其他当事人。应当追加的原告,已明确表示放弃实体权利的,可不予追加;既不愿意参加诉讼,又不放弃实体权利的,应追加为第三人,其不参加诉讼,不能阻碍人民法院对案件的审理和裁判。

第三十条第一款 行政机关的同一行政行为涉及两个以上利害关系人,其中一部分利害关系人对行政行为不服提起诉讼,人民法院应当通知没有起诉的其他利害关系人作为第三人参加诉讼。

第二节 行政诉讼的受案范围和立案、管辖

一、基本内容

律师办理行政案件在判断行政诉讼原告、被告、第三人之外,对于行政诉讼的受案范围、立案和管辖的判断显得尤为重要,尤其是律师办理的案件是否属于行政诉讼受案范围是行政案件能否被人民法院立案的关键。

(一)受案范围

行政诉讼受案范围是指法院受理行政争议案件的范围。从审判的角度,这一范围决定着法院可以在多大程度上审查行政机关的行为,即行政审判范围。从相对人的角度,这一范围决定着公民权益受到行政行为损害时可以起诉的范围。《行政诉讼法》第十二条通过具体列举加兜底的方式进行了规定,第十三条以否定的方式列举了行政诉讼不予受理的事项。《行诉解释》第一条第一款以概括的方式规定了行政诉讼受案范围,即"公民、法人或者其他组织对行政机关及其工作人员的行政行为不服,依法提起诉讼的,属于人民法院行政诉讼的受案范围。"受案范围关涉到一个行政争议能否被人民法院受理,律师在实务中需要把握以下两个重点。

1.行政行为属于行政诉讼受案范围是该行政案件被人民法院受理的重要条件

除了《行政诉讼法》第十二条和《行诉解释》第一条第一款的肯定式列举范围外,根据相关规定,下列行为不属于行政诉讼受案范围。

非行政性行为。比如国防、外交等国家行为以及刑事司法、刑事侦查等司法行为。

非外部性行政行为。行政机关对行政机关工作人员的奖惩、任免等决定属于行政机关内部作出的行为,不对普通公民产生影响,属于行政管理机关内

部或上下级之间的纠纷,不具有外部性。

不产生实际影响的行政行为。重复处理行为、行政调解、行政指导行为等不具有强制性,不会对当事人产生实际影响。但行政机关重新处理的除外,重新作出处理的行为是指行政行为对行政相对人的权利义务的重新确定,由于新的事实,作出的不同于第一次行政行为的行政行为。

非特定的行政行为。行政法规、规章、规范性文件因为其具有普遍约束力,没有对特定当事人产生特定的影响而不符合特定性的要求。

实践中,属于受案范围的行政行为大体包括如下几个类型:

(1)行政机关、被授权的组织行使行政职权作出的行政行为。

(2)在行为作出时客观上不对相对人产生权利义务上的影响,但结果上产生了实际的后果的行政事实行为。

(3)一方主体为行政机关(或法律法规授权的组织),目的是实现公共的行政管理,且行政机关具有行政上优益性的行政协议。

2.行政行为属于受案范围不等同于该行为一定具有可诉性

行政行为的可诉性是指行政行为符合起诉条件,人民法院应依法受理并作出裁判。律师在判断行政行为是否具有可诉性时需要从以下五点进行全面考虑。

主体适格。只有特定的行政机关,经过法律、法规授权,由特定机关委托的组织才能行使行政职权作出行政行为。盗用行政机关的名义、冒充行政机关工作人员行使行政职权的,主体不适格,所以其作出的行政不具有可诉性。但具有行政主体资格的行政主体越权行使行政权能的,不影响行政主体资格的认定。

行政性。作出行政行为时行使的必须是行政职权,即根据职权法定的原则履行法律规定的职权内容,而不是履行行政职务以外的行为。因为在履行行政职权时,该主体代表的是行政机关而不是个人。

外部性。该行政行为具有外部性,即该行政行为针对的是行政机关外部的相对人。

损益性。即行政行为必须对相对人产生行政法上的后果,直接影响行政相对人的权利和义务。只有对相对人产生影响,相对人才能有对应的诉讼权利,如果行政行为未最终作出,正常情况下则不会对当事人产生影响,不可以提起诉讼。但某些行政行为在过程中已经对相对人产生了影响,不论该行政行为是否作出,都可以提起诉讼。对权利义务产生实际影响的行政行为包括法律行为和事实行为。法律行为是指行政机关依法实施的、具有一定意思表示的、发生了特定公法上法律效果的目的行为。而事实行为是指行政主体作出此类行为时,并无法律效果的意图,但产生实际影响和具有法律约束力的行为,如警察殴打行政相对人,虽然没有具体的行政行为作出,但已经对相对人的人身权产生了影响,可以起诉。

特定性。该行政行为不能是具有普遍约束力、针对未来发生法律效力的行为,而应当是针对特定相对人的行为,只对已经存在的事实发生效力。

(二)管辖

正确确定管辖法院,可以避免法院之间因为管辖不明而出现互相推诿的现象从而影响及时、公正地裁判行政案件,同时也有助于律师以及被代理人及时起诉,使案件能够进入诉讼程序,从而更有效地维护被代理人的利益。行政诉讼的管辖和民事诉讼中的大同小异,包括地域管辖、级别管辖。出现管辖冲突时,存在移送管辖、指定管辖、管辖权转移。

1.级别管辖

级别管辖解决的是行政诉讼案件应当由哪一级法院审理的问题,行政诉讼的级别管辖包括基层人民法院、中级人民法院、高级人民法院、最高人民法院管辖。根据《行政诉讼法》第十四条,一般情况下都由基层人民法院审理第一审行政案件。但专业性强,被告级别高,本辖区内重大、复杂的案件应当由中级人民法院审理。如果属于辖区内、全国范围内重大复杂的案件则分别由高级人民法院、最高人民法院审理一审案件。特别需要注意的是,根据《行诉解释》第一百三十四条第三款,经过复议,且复议机关作出维持的案件以作出原行政行为的行政机关作为被告确定级别管辖。因此在判断级别管辖时应遵循以下规则。

以案件的性质为标准。根据《行政诉讼法》第十四条,一审案件一般应当由基层法院管辖。

以行政机关的级别为标准。《行政诉讼法》规定对国务院各部门或省、自治区、直辖市人民政府所作的具体行政行为提起的诉讼案件,由中级人民法院管辖,其他的案件一般由基层人民法院管辖。

以案件的影响大小、复杂程度为标准。根据《行政诉讼法》第十五、十六条的规定,本辖区内重大、复杂的案件应当酌情考量由适当的法院进行审理。

同时,最高人民法院在《关于完善四级法院审级职能定位改革试点的实施办法》中明确,"下列以县级、地市级人民政府为被告的第一审行政案件由基层人民法院管辖:(一)政府信息公开案件;(二)不履行法定职责的案件;(三)行政复议机关不予受理或者程序性驳回复议申请的案件;(四)土地、山林等自然资源权属争议行政裁决案件"。

2.地域管辖

地域管辖是确定由哪个地域的法院审理的问题,包括一般地域管辖、特殊地域管辖,其基本规则是:

一般地域管辖。《行政诉讼法》第十八条第一款规定:"行政案件由最初作出行政行为的行政机关所在地人民法院管辖。经复议的案件,也可以由复议机关所在地人民法院管辖。"一般地域管辖按照最初作出行政行为的行政机关所在地确定。在行政诉讼中,以被告所在地为一般地域管辖所在地。经过复议的案件,也可以由复议机关所在地法院。

特殊地域管辖。并不是所有的案件都可以按照一般地域管辖规则判断,在特殊情况下应适用特殊的管辖规则。根据《行政诉讼法》第十九条的规定,在对限制人身自由的行政强制措施不服的行政案件中,原告和被告所在地人民法院均具有管辖资格。原告可以选择其中一个法院提起诉讼,如果原告向两个以上有管辖权的法院都提起诉讼的,由最先立案的法院管辖。专属管辖是排他性的管辖,是指特定的诉讼只能由特定的法院进行管辖。根据《行政诉讼法》第二十条,因不动产提起的诉讼由不动产所在地人民法院管辖。由不动产提起的诉讼包括因不动产所有权或使用权行政争议而提起的诉讼。

3.管辖冲突时的运用规则

原告、被告、第三人对受理人民法院管辖权有不同意见,认为应当由其他法院管辖,或虽然对管辖权没有异议,但认为应当依法转移管辖权,可以提出管辖权异议,但须在人民法院受理案件以后,案件进行实体审理之前提出。

4.管辖判断标准

第一,确定案件被告。在判断管辖法院时需要注意的是,自2021年4月1

日起施行的《最高人民法院关于正确确定县级以上地方人民政府行政诉讼被告资格若干问题的规定》明文限制了县级以上人民政府做被告的情形,主要是对作出房屋征收补偿决定、强制拆除房屋、县级以上地方人民政府确定的不动产登记机构中的被告不再一概以县级政府作为被告,应当依照规定严格执行。

第二,判断级别管辖。大部分的案件应当由基层人民法院审理,所以在判断属于什么级别管辖时,应当看是否构成中级人民法院、高级人民法院、最高人民法院审理的情形。一般案件不存在需要高级、最高人民法院审理的情形,所以先判断是否属于中级人民法院审理的情形,不符合的再考量是否属于高级、最高人民法院审理的情况,均不符合的,即属于由基层法院审理的案件。

第三,判断地域管辖。先看是否属于特殊的地域管辖,经过复议的案件、不动产案件、侵害原告人身权的案件均属于特殊的地域管辖,应当先进行判断。不属于特殊管辖的,再按照一般地域管辖确定。

(三)立案

人民法院接到案件后,应当及时审查能否立案,2015 年 4 月 1 日最高人民法院出台《关于人民法院推行立案登记制改革的意见》(以下简称《意见》)的通知,其中规定了立案登记制度,即人民法院在立案时只要符合形式上的立案标准就应当先立案。《意见》第二部分第二项规定的可以立案的标准是:"行政行为的相对人以及其他与行政行为有利害关系的公民、法人或者其他组织提起的行政诉讼,有明确的被告、具体的诉讼请求和事实根据,属于人民法院受案范围和受诉人民法院管辖的"。这就是说,只要在形式上满足原告与行政行为具有利害关系、具有明确的被告、具体的诉讼请求和事实依据,案件属于法院受理范围就可以立案。为了确保顺利立案,律师应事先明确立案时需要准备的材料,立案的时间、地点、方式等。

1.立案应当准备的材料

原告的身份证明材料及有效联系方式。如果是公民需要提交身份证复印件即可,如果是法人需要提交营业执照复印件、法定代表人身份证复印件。

行政起诉状。需要向法院提交书面起诉状,按照被告人数准备副本。如果被告是 2 人,那起诉状的份数是 1+2 份。起诉状内容与民事诉讼起诉状内容相差不大,包括以下内容。

（1）原告的姓名、工作单位、住址，原告是法人的要写明名称、住所地和法定代表人或者主要负责人姓名、职务。被告行政机关的名称、住所、主要负责人姓名、职务。

（2）具体的诉讼请求。

（3）诉讼请求所依据的事实和理由。

（4）证据和证据来源。证据包括：①能够证明原告与被诉行政行为具有利害关系的证据，如原告提起房屋征收决定，就要证明该房屋属于被征收的范围内，且原告是所有权人；②因为举证责任在被告一方，所以证明被诉行政行为合法的证明责任在被告一方，如果原告只是起诉请求法院确认某个已经存在的行政行为违法，则只需要证明该行政行为存在即可，行政行为的合法性由行政机关进行证明。但也有例外，原告起诉被告不作为的案件中，应当提供证明自己曾经向行政机关提出过申请，行政机关没有进行处理。且原告应该提供自己是在法定的起诉期限内起诉的证据。

（5）接受诉状的人民法院的名称、起诉日期、起诉人签名或盖章。

（6）原告委托律师代为诉讼的，应当提交授权委托书，委托书应当写明委托事项、权限、期限、联系方式。同时要提交律师事务所的公函和律师执业证复印件。

2.起诉状的撰写

撰写起诉状可以简单，但需要提出基本的事实证据。不需要将全部的观点写在起诉状上，因为被告会根据起诉状的内容撰写答辩状，如果将所有的思考都放在起诉状上，将导致被告可以对原告的论点逐一击破。诉讼就像一场战争，不要把所有的火力都在起诉时全部暴露，起诉时只需要说明基本的事实，将自己的诉讼请求说明清楚即可，不需将所有的观点全盘托出。如何在相互的辩论中胜诉是庭审中的事情，有些意见就算在起诉状里没有提出，在诉讼中也可以提交补充意见，但基于补充意见所有的事实都应当根据庭审之前提交的证据证明，不可以证据突袭。

3.立案的时间

在一审诉讼中，应当严格遵守起诉期限规定。行政诉讼的起诉期限与民法上的诉讼时效不同，《民法典》第一百八十八条第一款规定："向人民法院请求保护民事权利的诉讼时效期间为三年"。民法中权利人请求法院保护权利的期限为三年,而《行政诉讼法》第四十六条规定:"公民、法人或者其他组织直接向人民法院提起诉讼的,应当自知道或者应当知道作出行政行为之日起六个月内提出。法律另有规定的除外。因不动产提起诉讼的案件自行政行为作出之日起超过二十年,其他案件自行政行为作出之日起超过五年提起诉讼的,人民法院不予受理。"行政诉讼的起诉期限是权利人自知道或应当知道行政行为之日起六个月内提起诉讼。《民法典》第一百九十五条规定:"有下列情形之一的,诉讼时效中断,从中断、有关程序终结时起,诉讼时效期间重新计算:(一)权利人向义务人提出履行请求;(二)义务人同意履行义务;(三)权利人提起诉讼或者申请仲裁;(四)与提起诉讼或者申请仲裁具有同等效力的其他情形。"民法中诉讼时效存在中断、中止的情形,而行政诉讼中起诉期限却没有中止、中断的情形。不仅如此,不同于民法中超过诉讼时效丧失的是胜诉权,行政诉讼中的案件超过起诉期限丧失的是起诉权。

还需注意的是,《行政诉讼法》中规定原则上起诉期限是自行为作出之日起六个月内,但法律另有规定的除外。根据《行诉解释》第六十四条、第六十五条,行政机关作出具体行政行为时,未告知公民、法人或者其他组织诉权或者起诉期限的,此时起诉期限从公民、法人或者其他组织知道或者应当知道诉权或者起诉期限之日起计算,但从知道或者应当知道具体行政行为内容之日起最长也不得超过一年。公民、法人或其他组织不知道行政机关作出行政行为内容的,其起诉期限从知道或者应当知道该行政行为内容之日起计算,但不得超过最长的起诉期限,因不动产提起诉讼的案件自行政行为作出之日起超过二十年,其他案件自行政行为作出之日起超过五年提起诉讼的,人民法院不予受理。所以在起诉时应当严格遵守起诉期限的规定。

4. 立案的方式

立案有几种不同的方式,包括网上立案、邮寄立案、现场立案。

现场立案。这是最传统的立案方式,即带着材料去人民法院的立案庭,现场排队立案。绝大多数法院的立案庭或诉讼服务中心在法院本部,但也有少数法院与该法院的立案庭不在一处,前往立案前,应当先去法院的官方网站或拨打12368咨询,防止跑空,现场立案尽量选择上午,法院一开门就开始排号。

邮寄立案。在不方便去现场立案时,可以选择邮寄立案的方式,将需要立案的材料邮寄给法院立案庭,这适合于距离较远且不方便现场立案的法院,可以节省许多时间,但邮寄立案后要实时跟进,确保法院的立案庭按时收到立案材料。

网上立案。网上立案是指在网上将立案所需的材料上传,可以登录所在地省份的法院电子诉讼服务平台上传,如浙江省的网上立案平台是"浙江法院网"和"浙江移动微法院"的微信小程序。

5.立案跟进

因为现在采取立案登记制,所以在立案材料上交后,需等待法院审核,律师将立案材料提交上去,只是立案的第一步,需要时刻跟进,询问立案庭对案件的处理情况。法院审核通过后,律师会拿到受理案件通知书、缴纳诉讼费用通知书,此时应当第一时间通知当事人缴纳诉讼费用,防止错过期限。立案成功后,应当拨打法院电话,询问是否已经给案子进行排庭。排庭后应当对承办案件的法院、书记员、办公电话进行记录,实时了解案件的情况。

二、要点提示

(一)判断是否属于行政诉讼的受案范围是一审诉讼实务的重点内容

行政案件能被人民法院受理,作出该行政行为的主体必须适格,且该主体实施的是属于行政诉讼受案范围的行政行为。判断是否属于行政诉讼受案范围可以用概括肯定加否定排除的方法,行政机关及其行政机关工作人员以及法律、法规、规章授权的组织在行使行政职权、履行行政职责过程中,对相对人所作出的能够对其权利义务产生实际影响的行政行为均属于可诉的行政行为,但是,不符合行政性的国防、外交等国家行为不可诉,不符合外部性的行政机关对工作人员的奖惩、任免等决定和行政管理机关内部或上下级之间的监督管理等行政机关内部行为不可诉,对当事人权利义务不产生实际影响的重复处理行为、行政调解、行政指导等行为不可诉,行政法规、规章、规范性文件等具有普遍约束力、不具有特定性的行为不可诉。

●●●●●●●● **法条链接**

《行政诉讼法》

第十二条 人民法院受理公民、法人或者其他组织提起的下列诉讼：

（一）对行政拘留、暂扣或者吊销许可证和执照、责令停产停业、没收违法所得、没收非法财物、罚款、警告等行政处罚不服的；

（二）对限制人身自由或者对财产的查封、扣押、冻结等行政强制措施和行政强制执行不服的；

（三）申请行政许可，行政机关拒绝或者在法定期限内不予答复，或者对行政机关作出的有关行政许可的其他决定不服的；

（四）对行政机关作出的关于确认土地、矿藏、水流、森林、山岭、草原、荒地、滩涂、海域等自然资源的所有权或者使用权的决定不服的；

（五）对征收、征用决定及其补偿决定不服的；

（六）申请行政机关履行保护人身权、财产权等合法权益的法定职责，行政机关拒绝履行或者不予答复的；

（七）认为行政机关侵犯其经营自主权或者农村土地承包经营权、农村土地经营权的；

（八）认为行政机关滥用行政权力排除或者限制竞争的；

（九）认为行政机关违法集资、摊派费用或者违法要求履行其他义务的；

（十）认为行政机关没有依法支付抚恤金、最低生活保障待遇或者社会保险待遇的；

（十一）认为行政机关不依法履行、未按照约定履行或者违法变更、解除政府特许经营协议、土地房屋征收补偿协议等协议的；

（十二）认为行政机关侵犯其他人身权、财产权等合法权益的。

除前款规定外，人民法院受理法律、法规规定可以提起诉讼的其他行政案件。

第十三条 人民法院不受理公民、法人或者其他组织对下列事项提起的诉讼：

（一）国防、外交等国家行为；

（二）行政法规、规章或者行政机关制定、发布的具有普遍约束力的决定、命令；

（三）行政机关对行政机关工作人员的奖惩、任免等决定；

（四）法律规定由行政机关最终裁决的行政行为。

(二)判断管辖法院是解决行政案件提交到哪个法院的关键

除了法律和司法解释有特别规定外,一审行政案件由被告所在地基层人民法院管辖,不动产案件由不动产所在地人民法院管辖,经过复议的案件可由当事人选择在作出原行政行为的被告所在地或者复议机关所在地人民法院管辖,限制人身自由案件的当事人可选择被告所在地或者当事人所在地人民法院管辖。

(三)立案时要注意立案材料准备充分

律师在立案时应充分准备立案所需的材料,包括行政起诉状及证据、身份证明材料、律师的委托书、律师事务所公函等。遗漏材料再补充会显得律师不够专业,也影响诉讼效率。律师还要遵守起诉期限的规定,确定立案方式,时刻保持立案的跟进,确保尽快进入诉讼程序。

法条链接

《行政诉讼法》第四十六条

公民、法人或者其他组织直接向人民法院提起诉讼的,应当自知道或者应当知道作出行政行为之日起六个月内提出。法律另有规定的除外。

因不动产提起诉讼的案件自行政行为作出之日起超过二十年,其他案件自行政行为作出之日起超过五年提起诉讼的,人民法院不予受理。

三、法律文书

(一)行政起诉状

行政起诉状

原告:×××(写明姓名、性别、出生年月日、居民身份证号码、工作单位、住所地、联系方式等信息;法人或其他组织应写明名称、住所地、负责人、联系电话、统一社会信用代码等信息)

被告:×××(写明机关名称、住所地、负责人及职务)

第三人:×××(参照原告的基本信息填写)

诉讼请求:应写明具体的诉讼请求。(1.判决撤销被告于××××年××月××日作出的××。2.判决确认被告于××××年××月××日作出的××行为违法。3.判决被告赔偿原告损失××元。4.本案的全部诉讼费用由被告承担。)

事实与理由:写明事实、理由及相关依据。(××××年××月××日被告于××地点××时间作出××行为。)

被告作出的行政行为存在以下错误:

1.被告作出××行政行为没有法定职权,主体不适格。

2.被告作出××行政行为的主要证据不足。

3.被告作出××行政行为适用法律、法规错误。

4.被告作出××行政行为违反法定程序。

　　综上，被告所作出的××行政行为主体不适格，主要证据不足，适用法律、法规错误，违反法定程序，依法应予以撤销。请求贵院支持原告的诉讼请求，维护原告的合法权益。

　　此致

××人民法院

原告：签字盖章（或捺印）

××××年××月××日

　　附：1.起诉状一式×份

　　　　2.证据清单及法律依据

（二）证据清单

证据清单

证据编号	证据名称	证据页数	证明目的	证据来源
证据一				
证据二				

["

(五)授权委托书

授权委托书

委托人与××(被告)××(行政行为)××(案由)一审/二审/再审案,特委托××律所××律师为代理人。委托人授权的代理权限为:

代为提出回避申请、收集、提供证据,进行质证、辩论;

代为承认、变更、放弃诉讼请求,进行和解;

代为提起反诉、上诉;

代为签收有关法律文书。

此致
××人民法院

委托人:××(签字盖章)
日期:××××年××月××日

第三节　行政诉讼的庭前准备

行政诉讼最重要的环节就是庭前准备,法庭上的雄辩都是以庭前进行充分的准备为基础。了解案件事实、理清法律关系、撰写发言提纲是最基础的庭前准备工作。除此之外,在实践中会存在一些特殊的情况需要准备,因为原告、被告的证明责任和准备的材料重点不同,所以本节分成两部分讨论。

一、基本内容

(一)代理原告时的庭前准备工作要点

第一,对案件事实、争议焦点、涉及的法律问题与当事人进行沟通。确定案件事实、明确举证责任,制作证据清单。因客观原因导致不能自行收集证据的,可以向法院提出调取证据申请。

第二,通过答辩状及相关证据材料撰写发言提纲。不同于起诉状的撰写,在庭审中应当对被告合法性产生的问题进行全方位的攻击。包括:①行政诉讼主体是否具有法定职权。行政机关是否存在违背职权法定原则越权执法的情形,包括超越部门管辖权、超越层级管辖权、超越地域管辖权、超越法定事务管辖权等情形。②被告作出行政行为认定事实是否清楚、证据是否充分、所依据的法律是否适当,行政行为作出时依据的法律法规是否存在性质上的错误,比如应当适用甲法但却适用了乙法,应当适用上位法,却适用了下位法的情形。③作出行政行为的程序是否符合法律规定。符合法定程序是确保行政行为合法、正确、公正运行的制度。实践中主要有违反法定步骤、违反法定程序、违反法定形式、违反法定时限等情形,比如没有听取陈述申辩、处罚前没有送达告知书等。④是否存在明显不合理的情形。可以通过裁量基准、合理说明、相对人参与制度,同案比较来说明行政行为的裁量不合理。由此,根据行政机关具有的问题由重到轻逐一击破,在起诉状证据认定事实范围内提出补充说明。

第三,与当事人进行沟通,统一观点,避免在诉讼中出现意见不一致的情形。在法庭中辩论时应当前后一致,该说的要怎么说,不该说的不要说,在庭审开始前要和当事人进行沟通,让当事人随意发言会影响诉讼的策略。

第四,提示原告及相关人员开庭的时间、地点,以及需要带好身份证和复印件,告知出庭及旁听的注意事项。

（二）代理被告时的庭前准备工作要点

1.了解案件事实、双方诉求

明确被诉的具体行政行为，了解原告的诉求，与被告沟通，了解被告作出具体行政行为时的证据，对于行政机关专业领域的事项，律师要进行了解沟通，理清整个案件的背景，了解行政机关作出行政行为的思路、法律依据、证据来源、程序和过程等。

2.收集证据

证据的作用在于从正面证明行政行为合法。

第一，证明被告具有作出行政行为的法定职权。法无授权不可为，如果是负担性行政行为要严格遵守职权法定的原则，如果是授益性的行政行为，则采取宽松的职权法定，如果行政机关超越了职权范围行使权力，此时需要提出行政机关超越职权管理事务的证据。

第二，作出行政行为具有事实基础。行政行为根据的要件事实（法律事实）均需要以合法的证据证明。行政机关作出行政行为时，要根据法律的规定确定当时的事实符合法律规定的事实要件，否则即意味着相关的事实不存在，或者事实性质不能确定。将依据的法律规范预先设定事实要件，逐一找到证明这些事实要件的证据，证明事实的证据必须具有客观性、关联性、合法性。

第三，作出行政行为具有法律依据。行政诉讼中的法源多而杂，有宪法、法律、行政法规、司法解释、答复、请示、地方性法规、自治条例、单行条例、规章、规范性文件、惯例、承诺、法理等等。其中依据性法源包括法律、行政法规、司法解释、地方性法规、自治条例、单行条例，参照性法源包括规章以及其他。在确定行政行为具有法律依据时，首先要梳理出作出行政行为的全部法律依据、包括法律、行政法规、规章以及规范性文件，要穷尽并找到最符合当时作出行政行为的法律依据。

第四，作出行政行为符合法定程序。法定程序即法律明确规定的程序要求，指行政机关在行使行政权力、实施行政管理中应当遵循相应的方式、步骤、顺序、时限的一种程序规定。包括陈述申辩、听证、催告等正当程序，找到能够证明被告符合法定程序的证据。

第五,行政行为的裁量合理。一般裁量行为不需要进行说明,因为对于行政行为的合理性,法院通常不进行审查,但如果行政行为明显不合理,已经达到了一般智力正常的人都看得出不合理的情形,法院会对其审查,如果案件有可能被对方论述成属于明显不合理的情形时,应当进行说理。

第六,从反面否认原告超过起诉期限、否认原告的起诉资格、否认案件属于法院受案范围、被告不是法定行使职权的主体等。

3.确立答辩思路,撰写答辩状

答辩可以分为实体问题的答辩、程序问题的答辩,从两方面来证明行政行为合法。

实体问题的答辩应当从以下几方面判断:行政机关具有作出行政行为的法定职权、被诉行政行为事实认定清楚、证据确凿充分,被诉具体行政行为适用法律正确,程序符合法律规定。若属于不作为的行政案件,则应当主张被诉行政主体不具有作出该行为的行政职责,或没有出现法律规定的应当履行法定职责的情形及行政主体不作为具有法律依据。

对程序问题的答辩从以下几方面判断:①该行政行为是否属于受案范围。如果该行政行为不属于行政诉讼的受案范围,法院可以不做实质性审理,直接驳回起诉。②起诉人是否具有原告资格。起诉人与行政行为是否具有法律上的利害关系,如果不具备行政诉讼主体资格,则法院直接驳回起诉。③原告是否超过了起诉期限、是否属于复议前置情形、是否属于重复起诉等法院不得受理的情形。④如果是对不履行行政职责案件的答辩,还可以主张原告并未对申请的事实承担证明责任。

4.在规定的答辩期内提交答辩状

答辩的期限为十五日,《行政诉讼法》规定被告应当在收到起诉状副本之日起十五日内向人民法院提交作出行政行为的证据、规范性文件依据和答辩状等材料。律师应当考虑答辩期限是否充足,包括收集证据、准备材料、撰写答辩状,如果不充足的话,可以申请延长举证及答辩期限。《最高人民法院关于行政诉讼证据若干问题的规定》指出,被告因不可抗力或客观上的正当事由,不能在答辩期限内提供证据的,应当在答辩期限内向人民法院提出延期提供证据的书面申请。

二、要点提示

(一)发言提纲应当以行政行为的合法性为重点

包括行政主体是否适格、案件事实认定是否清楚,适用法律依据是否适当、程序是否符合法律规定、是否存在明显不合理情形。

●●●●●●● **法条链接**

《行政诉讼法》

第六十九条 行政行为证据确凿,适用法律、法规正确,符合法定程序的,或者原告申请被告履行法定职责或者给付义务理由不成立的,人民法院判决驳回原告的诉讼请求。

第七十条 行政行为有下列情形之一的,人民法院判决撤销或者部分撤销,并可以判决被告重新作出行政行为:

(一)主要证据不足的;

(二)适用法律、法规错误的;

(三)违反法定程序的;

(四)超越职权的;

(五)滥用职权的;

(六)明显不当的。

(二)根据代理原告、被告确定不同的诉讼策略

作为原告代理律师的,应就案件事实与当事人进行沟通,与当事人统一观点,并提示当事人开庭的相关事项。作为被告的代理律师应当更全面收集证据,形成完整证据链,从正面证明行政行为的合法性,从反面否认当事人不具有起诉资格等。

(三)思考对方可能提出异议的观点,并整理论据

对于原告方可能提出的职权问题、事实认定问题、法律适用问题、裁量适当问题和程序问题作出预估,整理相应的反驳理由和对应的证据材料及相关法律规定。

(四)在收到起诉状副本十五日内向人民法院提交答辩状及证据和所依据的规范性文件

被告方提交的答辩状不用过于详细,只需正面答辩即可。答辩状只需陈述被告作出行政行为的内容,认定的事实清楚,适用法律法规正确,作出行为结果适当及行政程序合法,并列举行政行为的证据和所依据的规范性文件,不需要一一反驳原告方的观点。

● ● ● ● ● ● ● ●　　**法条链接**

《行政诉讼法》第六十七条

人民法院应当在立案之日起五日内,将起诉状副本发送被告。被告应当在收到起诉状副本之日起十五日内向人民法院提交作出行政行为的证据和所依据的规范性文件,并提出答辩状。人民法院应当在收到答辩状之日起五日内,将答辩状副本发送原告。

被告不提出答辩状的,不影响人民法院审理。

三、法律文书

行政答辩状

答辩人：××（写明行政机关名称、住所地、法定负责人及职务）

被答辩人：××

答辩人因原告××诉（本行政机关）××关于××（案由、案号）一案，现根据原告的诉状和本案的事实情况答辩如下：

1.答辩人具有法定职权。

2.答辩人对被答辩人作出的××行政行为认定事实清楚、证据确凿充分。

3.答辩人作出××行政行为具有法律依据。

4.答辩人作出××行政行为符合法定程序。

……

综上所述，答辩人作出的××行政行为认定事实清楚、证据充分、确凿、适用法律证据、程序合法。恳请法院依法驳回原告的诉讼请求。

此致

××人民法院

答辩人：××

××××年××月××日

第四节　行政诉讼庭审实务与技巧

行政诉讼的第一审是极为重要的。法院将会对原告的资格、被告的资格、是否超过起诉期限、事实认定是否正确、法律依据是否正确、程序是否合法、裁量合理的理由等问题进行全面的审理。不同于撰写起诉状时只需要明确法律关系即可,庭审中需要根据法官的问题焦点调整诉讼的策略,达到最终的胜诉结果。

一、基本内容

法院的审理流程包括:开庭前准备阶段—法庭调查阶段—法庭辩论阶段—原被告最后陈述阶段。其中本节主要讨论的是辩论阶段的技巧,顺带讨论最后陈述阶段、庭后工作的一些问题。

(一)在法庭辩论阶段的诉讼技巧

1.根据不同案件确定代理思路

在庭审中展开辩论的思路应当以行政行为的性质和状态作基础,区分作为行政行为、不作为行政行为。作为行政行为中又包含:

第一,提起的撤销之诉。在庭审辩论时应主要围绕《行政诉讼法》第七十条规定的撤销行政行为的理由进行辩论,如:①主要证据不足的;②适用法律、法规错误的;③违反法定程序的;④超越职权的;⑤滥用职权的。律师将案件事实与上述内容一一对照,寻找被告作出行政行为时是否存在一项或多项问题。

第二,提起不履行行政职责之诉。代理行政不作为案件主要在于请求法院判令行政机关履行某种职责,并作出相应的行政行为。因此,应当主要针对查明原告的自身情况与申请内容是否符合相关法律规定的条件,从证明被告应当履行相应行政职责而未履职的角度进行陈述和辩论。

2.被告在辩论时不要局限于原告提出的诉请范围

不同于民事诉讼主要围绕当事人的诉讼请求审查,行政诉讼对被诉行政行为合法性进行全面审查,不受原告诉讼请求和理由的限制。所以被告在庭审时不能只局限于原告的诉讼请求,而应对行政行为的合法性进行全面的证明。有时候,原告提起的诉讼是被告证据不足、事实不清,但后经法院查明被告作出行政行为证据不足、事实不清的理由不成立,但被诉行政行为在权限、适用法律上也不符合法律规定,此种情形下即使原告的诉讼理由不成立,但原告要求撤销被诉行政行为的诉请仍然能得到实现。

3.表达要有主次

首先,要对案件有清晰的了解和透彻的认识,在表达中切忌长篇大论、逻辑混乱、含糊不清。好的律师应当做到言简意赅、主次分明、逻辑严密、生动形象。简练、生动、准确是律师在庭审表达时的重要内容。其次,要对案件的事实和辩论的主要观点进行总结、归纳,简要说明才能体现重点。但并不是要律师为了简要而省略掉一些重点,如果没有简要说明的能力,那就把所有的重点全部讲述清楚。

4.行政诉讼中原告重要的制胜策略——行政程序

代理原告时,代理人可以在行政诉讼程序中是否存在问题花费更多的时间。对于行政行为的实体是否合法属于专业领域的范围,法院有时无法判断或不太清楚是否合法,但是行政行为在程序上是否合法相对来说只需要按照法律上的规定,一步步来即可,代理原告时在程序上找到行政行为的问题更容易得到法院的支持。

5.认真听取被告的答辩意见

代理原告时,要关注被告是否有新增的内容,以及新增的内容有没有相对应的事实依据。如果有新内容要立刻想出抗辩理由和观点。并且分析被告是否存在前后说法不一致之处,对这种观点可以重点抨击。

6.理解法官的归纳争议焦点和重点,以及法庭氛围

过于冗长的辩论会让法官抓不着重点,律师不应当沉浸在自己的辩论中,而应当随时观察审理法官的反应,看法官是否已经充分领会了我方的观点,对于对方提出的事实和证据法官是否认可。律师应当根据法官的态度、法庭的

氛围,适时地调整诉讼节奏和策略,保证优势的局面。

7.分析对方意图,找到逻辑漏洞

对于对方提出的新观点应当结合案件的逻辑和事实,分析对方的意图,找到逻辑漏洞,不要着急。

(二)在最后陈述阶段的诉讼技巧

最后陈述是为了让当事人发表对案件的最终意见,通常以当事人的诉讼主张结尾,但律师可以对前面的审理过程中法官没有重视的观点、遗漏的观点或新的观点进行补充。

(三)庭后工作的诉讼技巧

庭审后,法庭就某些程序问题要求被告补充材料或证据的,被告应当及时补充针对原告在一审诉讼中提出其在起诉状中没有提出过的反驳理由和证据。

二、要点提示

(一)行政程序问题是原告在行政诉讼中的制胜重点

相对于实体问题,行政程序问题显得更为简单明了,在庭审中法官更愿意采信程序方面违法的理由,因此,在代理原告时可以把行政程序问题作为行政诉讼中的制胜重点。

(二)被告不要局限于原告提出诉讼请求的范围进行辩论

人民法院对行政案件的审理是全面审查,并不局限于原告的诉讼请求或其诉讼理由,被告在辩论时应针对行政行为整体合法性进行陈述和论辩,不应局限于原告的诉讼请求及其诉讼理由。

(三)可以简明扼要表述的,不要冗长叙述

庭审中法官的注意力是有限的,代理人若在庭审陈述或辩论时过于冗长,使法官无法理解代理人所要表达的真正意图,会使法官失去继续聆听的意愿。

故在庭审中的表达应简明扼要,切记不要过于冗长、拖沓。

(四)善于观察法官的态度和归纳争议焦点,进行有针对性的辩论

在庭审中法官会归纳出案件的争议焦点,这些争议焦点也正是法官认为案件应当如何判决的关键点,也是法官真正关心的问题。故代理人在庭审中应围绕这几个争议焦点进行陈述和辩论,而不应自说自话,讲一些无关紧要的内容。

三、法律文书

庭审提纲

一、审判人员及参加诉讼当事人

审判员:

书记员:

原告:

委托代理人:

被告:

法定代表人:

委托代理人:

第三人:

委托代理人:

二、时间、地点:

××××年××月××日 上午/下午 　××:××—××:××

××人民法院××号法庭

三、庭前程序

书记员宣布法庭纪律,核对当事人情况。

审判员宣布开庭,告知当事人相关的诉讼权利和义务,询问回避意见。

审:原被告是否需要申请审判人员和书记员回避?

原:不申请回避。

被1:不申请回避。

被2:不申请回避。

四、开庭

审:下面进入陈述行政争议阶段。(被告方陈述被诉具体行政行为)

审:先由原告陈述诉讼请求并阐明事实与理由(可宣读起诉状)。

审:由被告发表辩论意见。(可宣读答辩状)

审:先由被告进行举证,原告发表质证意见。

证据1

证据2

证据3

证据4

……

审:下面由原告针对被告提出的证据发表质证意见。

原代:对证据1的质证意见

对证据2的质证意见

对证据3的质证意见

对证据4的质证意见

……

审:下面由原告进行举证,被告发表质证意见。

原代:证据1

证据2

证据3

证据4

……

审:下面由被告方进行质证。

被告:对证据1的质证意见

对证据2的质证意见

对证据3的质证意见

对证据 4 的质证意见

......

审:各方当事人有没有问题向对方发问?

原代:

被代:

审:法庭询问各方当事人几个问题。

(略)

审:法庭调查到此结束,双方的争议焦点:

1.

2.

各方是否同意法庭归纳的争议焦点? 有无异议?

原代:

被代:

审:下面进入辩论阶段,围绕争议焦点展开,并征询各方对案件的处理意见。

原代:发表代理意见(可详见代理词)

被代:发表代理意见(可详见代理词)

第二轮辩论

审:双方当事人最后陈述意见。先由原告陈述。

原代:

审:下面由被告最后陈述。

被代:

审判长:各方看阅笔录无误后请签字。

休庭。(敲法槌)

第五节　实训演练

一、基本案情

甲市乙区政府为了进行旧城改造,发布了《国有土地征收补偿公告》,对所划定的区域内的国有土地进行征收补偿。乙区政府与乙区管委会签订《征收补偿授权协议书》,授权乙区管委会以乙区政府的名义实施征收补偿事务。乙区管委会设立了征收事务所,由征收事务所负责征收的相关事宜。

黄某是一名个体工商户,在公告划定的区域内有厂房,该厂房登记在黄某名下,评估公司经评估,认定价值为200万元,黄某与征收事务所签订了《补偿协议》,约定补偿数额为250万元。经法院查明,乙区管委会是甲市政府设立的派出机构,乙区政府授权乙区管委会实施征收事宜。因黄某认为补偿数额过低,向人民法院起诉。

```
●●●●●●●●●　法条链接

    《国有土地上房屋征收与补偿条例》第八条
    为了保障国家安全、促进国民经济和社会发展等公共利益的需要,有下
列情形之一,确需征收房屋的,由市、县级人民政府作出房屋征收决定:
    (一)国防和外交的需要;
    (二)由政府组织实施的能源、交通、水利等基础设施建设的需要;
    (三)由政府组织实施的科技、教育、文化、卫生、体育、环境和资源保护、
防灾减灾、文物保护、社会福利、市政公用等公共事业的需要;
    (四)由政府组织实施的保障性安居工程建设的需要;
    (五)由政府依照城乡规划法有关规定组织实施的对危房集中、基础设
施落后等地段进行旧城区改建的需要;
    (六)法律、行政法规规定的其他公共利益的需要。
```

二、思考问题

(1)原告可以起诉哪个行政行为?

(2)黄某是否具有原告资格?

(3)本案的被告是谁?

(4)本案属于哪个法院管辖?

案例解析

当事人不服人民法院第一审判决或裁定的,有权向上一级人民法院提起上诉,因此,二审程序又称上诉审程序。我国实行两审终审制,二审裁判为终审裁判。再审程序是为了纠正错案而设置的法定补救审判程序。执行则是实现法律文书确定的权利义务的程序,是行政诉讼中的最后一个环节。二审、再审和执行都不是一个案子生效的必经程序,但在律师代理行政诉讼案件中都可能遇到,也是必须熟知和掌握的重要程序。律师代理当事人参与行政诉讼二审、再审或执行,要充分把握程序特点,以更好地完成代理工作。

第一节　二　审

二审程序,即上一级人民法院基于当事人的上诉,对原审人民法院未生效的裁判进行审理和裁判的诉讼程序。我国实行两审终审制,意味着一个案子经过两级人民法院的审理即告结束。上诉,是法律赋予当事人进一步寻求救济的权利,也是常规意义上的"第二次也是最后一次"机会,因此律师介入二审程序后,必须聚焦案件争议焦点,全面梳理案件事实、证据、法律依据等,为当事人争取有利的裁判结果。

一、基本内容

(一)二审开启

根据《行政诉讼法》第八十五条的规定,当事人不服人民法院第一审判决的,有权在判决书送达之日起十五日内向上一级人民法院提起上诉。当事人不服人民法院第一审裁定的,有权在裁定书送达之日起十日内向上一级人民法院提起上诉。逾期不提起上诉的,人民法院的第一审判决或者裁定发生法律效力。因此,二审程序由当事人的上诉行为开启。

上诉期从当事人各自收到判决书、裁定书之日起计算。在上诉期间,当事人因不可抗力或其他正当事由耽误上诉期限的,在障碍消除的十日内,可以申请顺延期限,是否准许,由人民法院决定。

上诉应当向人民法院提交书面上诉状。

(二)审理方式

人民法院审理二审案件,以开庭审理为原则,以书面审理为例外。根据《行政诉讼法》第八十六条的规定,人民法院对上诉案件,应当组成合议庭,开庭审理。经过阅卷、调查和询问当事人,对没有提出新的事实、证据或者理由,合议庭认为不需要开庭审理的,也可以不开庭审理。也就是说行政诉讼的二审程序,可以开庭审理,也可以不开庭审理。但无论是否开庭,都需要经过阅卷、调查和询问当事人,通过这些程序进一步明确当事人的诉求、证据和理由。只有同时满足"经过阅卷、调查和询问当事人"及当事人"没有提出新的事实、证据或者理由"这两个条件的,才可以采取书面审理形式。

(三)审查范围

行政诉讼的二审实行全面审查原则。根据《行政诉讼法》第八十七条的规定,人民法院审理上诉案件,应当对原审人民法院的判决、裁定和被诉行政行为进行全面审查。也就是说,在二审程序中,法院既要和一审程序一样,围绕被诉行政行为的合法性,审查一审裁判认定的事实是否清楚,适用的法律是否正确,审理行政案件时是否违背法定程序,同时也要对当事人在二审中提出的新事实、新证据以及对一审陈述的补充进行审查。

行政诉讼在二审程序中实行全面审查原则,其原因在于行政诉讼在保护行政相对人的合法权益之外,还承担着监督行政机关依法履职以及行政案件公正审理的功能,这也是行政诉讼和民事诉讼最为显著的不同之一。

(四)撤回上诉

行政诉讼法对撤回上诉没有作出规定,可参照一审中关于撤诉的规定,即人民法院对行政案件宣告判决或者裁定前,原告申请撤诉的,或者被告改变其所作的行政行为,原告同意并申请撤诉的,是否准许,由人民法院裁定。

(五)二审的裁判

根据《行政诉讼法》第八十九条的规定,人民法院审理上诉案件的裁判主要有以下几种情形。

1.维持裁判

适用于原裁判认定事实清楚,适用法律、法规正确的情况。这一情形下,驳回上诉,维持原判决、裁定,上诉人的上诉请求不能成立。

2.改判、撤销或者变更原裁判

适用于原裁判认定事实错误或者适用法律、法规错误的情形。

3.发回重审或者改判

适用于原判决认定基本事实不清、证据不足的情形。对于该种情况,或发回重审,或查清事实后改判。

4.裁定撤销原判,发回重审

适用于原判决遗漏当事人或者违法缺席判决等严重违反法定程序的情形。

需要注意的是,根据《行诉解释》第一百零九条的规定,涉及原审判决遗漏行政赔偿请求的,第二审人民法院应作出如下处理:

第一,经审查认为依法不应当予以赔偿的,应当判决驳回行政赔偿请求。

第二,经审理认为依法应当予以赔偿的,在确认被诉行政行为违法的同时,可以就行政赔偿问题进行调解;调解不成的,应当就行政赔偿部分发回重审。

如果当事人在一审程序中没有提出赔偿请求的,在二审期间仍然可以提出,第二审人民法院可以就此进行调解。调解不成的,应当告知当事人另行起诉。

(六)二审程序中的律师代理工作流程

无论是否代理原审案件,在正式代理二审程序前,首先应该和当事人进行充分的沟通交流,客观中立地为当事人解读一审裁判文书,详细梳理被诉行政行为,明确事实、法律、程序等审判要点。在客观分析后,律师应当告诉当事人二审需要付出的时间、金钱、精力等成本以及可能的败诉风险,给当事人一定的时间考虑,明确其二审的意愿。在当事人明确表示要上诉的情况下,律师的工作主要有以下重要流程:

(1)与当事人签订委托代理合同、授权委托书,开具律师事务所公函;

(2)审查当事人提供的证据材料和诉讼材料,特别是一审的裁判文书及其他相关庭审记载材料;

(3)草拟诉讼文书;

(4)代理递交上诉状或答辩状;

(5)代理开庭,参与法院询问笔录环节等;

(6)代理参加宣判、领取法律文书。

二、要点提示

律师代理二审诉讼,要充分了解二审诉讼程序的特点,全面掌握案件情况,同时把握开庭审理和不开庭审理的区别,采取有针对性的措施手段,争取当事人的诉讼利益。

(一)全面掌握案件情况

由于二审行政诉讼实行全面审查原则,因此,律师代理二审行政诉讼,无论是代理上诉人还是被上诉人,对于法院审理的范围要有明确的认识,既要熟悉一审裁判的内容,还要熟悉被诉行政行为的相关证据和法律适用、程序等。

律师需要对全部材料和证据进行审查后,确定代理思路和代理方案。

　　这里需要注意的是,根据《行政诉讼法》的规定,判决书的上诉期是十五日,裁定书的上诉期是十日。在律师代理案件过程中,必须牢记执行,避免在最简单的程序上出现最严重的失误。

●●●●●●●●　**法条链接**

《行政诉讼法》

　　第八十五条　当事人不服人民法院第一审判决的,有权在判决书送达之日起十五日内向上一级人民法院提起上诉。当事人不服人民法院第一审裁定的,有权在裁定书送达之日起十日内向上一级人民法院提起上诉。逾期不提起上诉的,人民法院的第一审判决或者裁定发生法律效力。

　　第八十七条　人民法院审理上诉案件,应当对原审人民法院的判决、裁定和被诉行政行为进行全面审查。

(二)重视法院"谈话"环节

　　行政诉讼的二审程序,有开庭和不开庭两种形式。司法实践中,有些不开庭审理的案件,法院会通知当事人进行"谈话",这种谈话实质上是承办法官了解案情事实和当事人争议焦点的一种形式,对于案件审理是非常重要的环节。因此,律师必须高度重视"谈话"程序,事先向当事人做好沟通解释,准备证据材料、厘清代理思路,"谈话"时充分阐述意见。

●●●●●●●●　**法条链接**

《行政诉讼法》第八十六条

　　人民法院对上诉案件,应当组成合议庭,开庭审理。经过阅卷、调查和询问当事人,对没有提出新的事实、证据或者理由,合议庭认为不需要开庭审理的,也可以不开庭审理。

(三)重视上诉状等法律文书撰写

由于行政诉讼二审存在不开庭审理的可能,而不开庭审理需满足"没有提出新的事实、证据或者理由"的条件,如果律师认为二审开庭审理更加有利于案件的解决,应当对一审判决认定的事实、证据和理由部分进行充分研究,从中找出有争议的部分,尤其是"新"的内容,并将这部分内容在上诉状中充分论述,争取启动上诉审查的开庭审理程序。

此外,对于不开庭审理的案件,法律文书的重要性更是不言而喻。上诉状、答辩状、代理意见等书面材料是二审法院审查判断各方当事人观点和理由的重要依据,其是否准确、有说服力,在很大程度上影响诉讼的结果,因此必须严谨细致,和开庭程序一样丝毫不能松懈。

● ● ● ● ● ● ● ● **法条链接**

《行政诉讼法》第八十九条

人民法院审理上诉案件,按照下列情形,分别处理:

(一)原判决、裁定认定事实清楚,适用法律、法规正确的,判决或者裁定驳回上诉,维持原判决、裁定;

(二)原判决、裁定认定事实错误或者适用法律、法规错误的,依法改判、撤销或者变更;

(三)原判决认定基本事实不清、证据不足的,发回原审人民法院重审,或者查清事实后改判;

(四)原判决遗漏当事人或者违法缺席判决等严重违反法定程序的,裁定撤销原判决,发回原审人民法院重审。

原审人民法院对发回重审的案件作出判决后,当事人提起上诉的,第二审人民法院不得再次发回重审。

人民法院审理上诉案件,需要改变原审判决的,应当同时对被诉行政行为作出判决。

三、法律文书

(一)行政上诉状

行政上诉状

上诉人(原审诉讼地位):[自然人]姓名,性别,出生年月日,民族,住所,居民身份证号码。

上诉人(原审诉讼地位):[法人]名称,住所地,统一社会信用代码。

法定代表人姓名,职务。

上诉人(原审诉讼地位):[行政机关]名称,住所地。

主要负责人姓名,职务。

被上诉人(原审诉讼地位):同上。

(以上列明当事人和其他诉讼参加人的姓名或名称等基本信息)

上诉人×××因与×××(案由)一案,不服×××人民法院×××号行政(判决/裁定)书,现依据《中华人民共和国行政诉讼法》相关规定,提出上诉。

上诉请求:

1.撤销×××人民法院×××号行政(判决/裁定)书,依法改判……。

2.一、二审诉讼费用由被上诉人承担。(如一审为裁定方式结案,则不涉及诉讼费用的承担,无需提出此项请求)

事实和理由:

一、一审认定事实错误/认定事实不清、证据不足。

……

二、一审适用法律、法规错误。

……

三、一审严重违反法定程序。

……

综上所述,一审判决/裁定认定事实错误/认定事实不清、证据不足/程序违法,请求二审法院依法改判,维护上诉人的合法权益。

此致

×××人民法院

上诉人(签名或盖章):

年　月　日

(二)行政撤回上诉状

行政撤回上诉状

申请人(原审诉讼地位):[自然人]姓名,性别,出生年月日,民族,住所,居民身份证号码。

申请人(原审诉讼地位):[法人]名称,住所地,统一社会信用代码。

法定代表人姓名,职务。

申请人(原审诉讼地位):[行政机关]名称,住所地。

主要负责人姓名,职务。

被申请人(原审诉讼地位):同上。

(以上列明当事人和其他诉讼参加人的姓名或名称等基本信息)

申请人×××因与×××(案由)一案,不服×××人民法院×××号行政(判决/裁定)书,于××××年××月××日向贵院提出上诉。现因……,撤回上诉,请贵院准许。

此致

×××人民法院

申请人(签名或盖章):

年　月　日

第二节 审判监督

再审程序又称审判监督程序,是人民法院对已经发生法律效力但有错误的裁判,再次进行审理所适用的法定审判程序。我国行政诉讼实行两审终审制,审判监督程序不是两审终审中的必经程序,只是对发生法律效力但又确有错误的判决和裁定才能适用的一种特殊程序,是一种法定补救审判程序。这就决定了律师在代理参与再审时,需要对再审程序进行充分把握,秉承再审思维开展代理工作。

一、基本内容

(一)再审的启动

根据《行政诉讼法》的规定,再审程序的启动主要有以下三种形式。

1. 当事人申请再审启动再审程序

根据《行政诉讼法》第九十一条的规定,当事人的申请符合下列情形之一的,人民法院应当再审:①不予立案或者驳回起诉确有错误的;②有新的证据,足以推翻原判决、裁定的;③原判决、裁定认定事实的主要证据不足、未经质证或者系伪造的;④原判决、裁定适用法律、法规确有错误的;⑤违反法律规定的诉讼程序,可能影响公正审判的;⑥原判决、裁定遗漏诉讼请求的;⑦据以作出原判决、裁定的法律文书被撤销或者变更的;⑧审判人员在审理该案件时有贪污受贿、徇私舞弊、枉法裁判行为的。

2. 人民法院启动再审程序

人民法院院长启动再审程序。《行政诉讼法》第九十二条第一款规定:"各级人民法院院长对本院已经发生法律效力的判决、裁定,发现有本法第九十一条规定情形之一,或者发现调解违反自愿原则或者调解书内容违法,认为需要再审的,应当提交审判委员会讨论决定。"

上级人民法院提起的再审程序。《行政诉讼法》第九十二条第二款规定："最高人民法院对地方各级人民法院已经发生法律效力的判决、裁定,上级人民法院对下级人民法院已经发生法律效力的判决、裁定,发现有本法第九十一条规定情形之一,或者发现调解违反自愿原则或者调解书内容违法的,有权提审或者指令下级人民法院再审。"

3.人民检察院通过抗诉启动再审程序

《行政诉讼法》第九十三条规定："最高人民检察院对各级人民法院已经发生法律效力的判决、裁定,上级人民检察院对下级人民法院已经发生法律效力的判决、裁定,发现有本法第九十一条规定情形之一,或者发现调解书损害国家利益、社会公共利益的,应当提出抗诉。地方各级人民检察院对同级人民法院已经发生法律效力的判决、裁定,发现有本法第九十一条规定情形之一,或者发现调解书损害国家利益、社会公共利益的,可以向同级人民法院提出检察建议,并报上级人民检察院备案;也可以提请上级人民检察院向同级人民法院提出抗诉。"

(二)再审的审理

1.审理范围

根据最高人民法院的相关司法政策,由上级法院或者院长启动再审程序的案件,应在原审案件的范围内全案审查,但是上级法院有明确审查范围意见的除外。检察院提起抗诉的,围绕抗诉内容进行审理。由当事人申请再审启动再审程序的案件,审理范围确定在原审范围内,一般来说,申请人诉什么就审什么,不诉不审。

2.审理程序

人民法院按照审判监督程序再审的案件,发生法律效力的判决、裁定是由第一审法院作出的,按照第一审程序审理,所作的判决、裁定,当事人可以上诉;发生法律效力的判决、裁定是由第二审法院作出的,按照第二审程序审理,所作的判决、裁定,是发生法律效力的判决、裁定;上级人民法院按照审判监督程序提审的,按照第二审程序审理,所作的判决、裁定是发生法律效力的判决、裁定。

人民检察院根据审判监督程序提出抗诉的案件,一般应由作出生效判决、裁定的人民法院裁定进行再审;人民检察院向作出生效判决、裁定的人民法院的上一级人民法院提出抗诉的,该上级人民法院可以交由作出生效判决、裁定的人民法院进行再审。

3.审理期限

再审案件按照第一审程序审理的,适用行政诉讼法关于一审审理期限的规定,一般情况下为六个月;按照第二审程序审理的,适用行政诉讼法关于二审审理期限的规定,一般情况下为三个月;有特殊情况需要延长的,由高级人民法院批准;高级人民法院审理案件需要延长的,由最高人民法院批准。

(三)再审的裁判

1.原生效判决、裁定确有错误的情形

《行诉解释》第一百二十二条规定:"人民法院审理再审案件,认为原生效判决、裁定确有错误,在撤销原生效判决或者裁定的同时,可以对生效判决、裁定的内容作出相应裁判,也可以裁定撤销生效判决或者裁定,发回作出生效判决、裁定的人民法院重新审理。"

2.原审法院立案、不予立案或者驳回起诉错误的情形

《行诉解释》第一百二十三条针对不同情形分别规定:第二审人民法院维持第一审人民法院不予立案裁定错误的,再审法院应当撤销第一审、第二审人民法院裁定,指令第一审人民法院受理;第二审人民法院维持第一审人民法院驳回起诉裁定错误的,再审法院应当撤销第一审、第二审人民法院裁定,指令第一审人民法院审理。

如果第一审人民法院作出实体判决后,第二审人民法院认为不应当立案的,在撤销第一审人民法院判决的同时,可以径行驳回起诉;这种情况下,再审法院如果认为应当立案,可撤销二审裁定,指令第二审法院继续审理。

二、要点提示

律师代理再审诉讼,要充分了解再审诉讼程序的特点,秉承再审思维开展代理工作。结合实务,主要有以下要点提示。

(一)确定当事人的再审意愿

再审程序不是两审终审中的必经程序,只是对发生法律效力但又确有错误的判决和裁定才能适用的一种特殊程序,是一种法定补救审判程序。一般来说,再审程序或是经过二审,或是一审后双方当事人未在法定期限内提起上诉,因此再审程序的开启更为审慎,需满足"确有错误"的法定理由。律师在代理再审案件前,需与当事人做好释明,充分了解和明确当事人的再审意愿。

(二)明确再审分两个阶段进行

再审从实务上分为两个阶段,第一个阶段是审查再审的阶段,人民法院经过审查,认为符合再审条件的,予以立案。第二个阶段才是真正再审审理,对申请人提出的再审理由及案件的争议焦点、事实理由等进行审查。法院的再审立案通常被认为是非诉讼程序,符合要求的再审申请一般都能被接受,其后进入法院内部审查程序。但此时并不能保证一定可以开启再审程序。再审的确定以再审法院的再审裁定书为准。

●●●●●●●● **法条链接**

《行政诉讼法》第九十条

当事人对已经发生法律效力的判决、裁定,认为确有错误的,可以向上一级人民法院申请再审,但判决、裁定不停止执行。

(三)认真撰写再审申请书

根据原审裁判文书和案件材料,认真分析人民法院应当再审的八个法定事由,指出原裁判"确有错误"的情形,形成有说服力的再审材料,这是律师通过专业法律知识归纳再审事由并协助人民法院迅速聚焦生效判决的可能错误,并启动再审程序的需要。再审申请书的撰写应当针对案件的争议焦点充分展开论述,按照重要程度进行排序,让人一目了然。

●●●●●●●● **法条链接**

《行政诉讼法》第九十一条

当事人的申请符合下列情形之一的,人民法院应当再审:

(一)不予立案或者驳回起诉确有错误的;

(二)有新的证据,足以推翻原判决、裁定的;

(三)原判决、裁定认定事实的主要证据不足、未经质证或者系伪造的;

(四)原判决、裁定适用法律、法规确有错误的;

(五)违反法律规定的诉讼程序,可能影响公正审判的;

(六)原判决、裁定遗漏诉讼请求的;

(七)据以作出原判决、裁定的法律文书被撤销或者变更的;

(八)审判人员在审理该案件时有贪污受贿、徇私舞弊、枉法裁判行为的。

(四)及时向承办法官申报

当事人对已经发生法律效力的判决、裁定,认为确有错误的,可以向上一级人民法院申请再审,但判决、裁定不停止执行。由于法院启动再审程序通常很慢,如果涉及执行内容,对当事人可能构成不利的影响。一旦法院决定再审,应当立即报请原审法院裁定中止执行。

●●●●●●●● **法条链接**

《最高人民法院关于适用〈中华人民共和国行政诉讼法〉的解释》第一百一十八条

按照审判监督程序决定再审的案件,裁定中止原判决、裁定、调解书的执行,但支付抚恤金、最低生活保障费或者社会保险待遇的案件,可以不中止执行。

上级人民法院决定提审或者指令下级人民法院再审的,应当作出裁定,裁定应当写明中止原判决的执行;情况紧急的,可以将中止执行的裁定口头通知负责执行的人民法院或者作出生效判决、裁定的人民法院,但应当在口头通知后十日内发出裁定书。

(五)确保专业理性

律师代理再审案件是一项专业的法律服务,绝不能以"有关系"或"擅长代理再审案件"等名义承揽再审案件,损害法律共同体的声誉,也不应当为了招徕业务而对一审、二审代理工作进行不恰当的贬损。同时应当帮助当事人对案件本身及一审、二审裁判结果建立理性的认知,切不可为了获取案件代理机会而夸大案件被改判的可能性。

(六)再审程序的律师代理工作

再审程序的代理,虽然与二审的代理存在一定的相似性,但也存在着一些不同,再审案件需要律师在接受委托前充分了解原审的相关情况以及当事人的意愿,并且基于案件事实和原审裁判情况独立理性地判断该案是否符合再审条件、是否有被再审的可能。在当事人明确表示要上诉的情况下,律师的工作主要有以下重要流程:

(1)与当事人充分沟通交流,明确再审意愿;

(2)研究预判案件,是否符合再审条件;

(3)与当事人签订委托代理合同、授权委托书,开具律师事务所公函;

(4)制作再审材料,提交再审申请书;

(5)保持与法院的沟通联系,跟踪案件进度;

(6)参加再审开庭,提交代理意见;

(7)代理参加宣判、领取法律文书。

●●●●●●● **法条链接**

《最高人民法院关于适用〈中华人民共和国行政诉讼法〉的解释》第一百
一十九条第一款

人民法院按照审判监督程序再审的案件,发生法律效力的判决、裁定是
由第一审法院作出的,按照第一审程序审理,所作的判决、裁定,当事人可以
上诉;发生法律效力的判决、裁定是由第二审法院作出的,按照第二审程序
审理,所作的判决、裁定,是发生法律效力的判决、裁定;上级人民法院按照
审判监督程序提审的,按照第二审程序审理,所作的判决、裁定是发生法律
效力的判决、裁定。

三、法律文书

●●●●●●●●

再审申请书

再审申请人(原审诉讼地位):[自然人]姓名,性别,出生年月日,民族,
住所,居民身份证号码。

再审申请人(原审诉讼地位):[法人]名称,住所地,统一社会信用代码。

法定代表人姓名,职务。

再审申请人(原审诉讼地位):[行政机关]名称,住所地。

主要负责人姓名,职务。

被申请人(原审诉讼地位):同上。

(以上列明当事人和其他诉讼参加人的姓名或名称等基本信息)

再审申请人×××因与×××(案由)一案,不服×××人民法院××
×号行政(判决/裁定)书,现依据《中华人民共和国行政诉讼法》相关规定,
提出再审申请。

再审请求：

1.撤销×××人民法院×××号行政(判决/裁定)书；

2.改判……；

3.一、二审诉讼费用由被申请人承担。(如本案生效判决为裁定,则不涉及诉讼费用的承担,无需提出此项请求)

事实和理由：

一、原审认定事实错误/认定事实不清、证据不足。

……

二、原审适用法律、法规错误。

……

三、原审严重违反法定程序。

……

综上所述,原审判决/裁定认定事实错误/认定事实不清、证据不足/程序违法,请求人民法院依法再审,撤销……,维护再审申请人的合法权益。

此致

×××人民法院

申请人(签名或盖章)：

年 月 日

第三节 执 行

执行又称强制执行,是执行机关以生效的行政诉讼裁判或者生效的行政行为为根据,采取强制性的执行措施,迫使拒不履行义务的当事人履行义务,实现生效法律文书内容的活动和程序。《行政诉讼法》规定的执行范围除了对法院生效裁判的执行,还有对于非诉行政行为的强制执行。律师在代理行政诉讼中的执行程序时,应对此区别把握。

一、基本内容

根据《行政诉讼法》及其司法解释的规定,行政诉讼中的执行包括两种,一种是对人民法院发生法律效力的判决、裁定、调解书的执行,也即对生效裁判的执行;另一种是对行政机关作出的具有法律效力的行政行为的执行,也即非诉行政执行。这是行政诉讼中执行程序与民事诉讼执行程序最大的不同。

(一)对生效裁判的执行

当事人必须履行人民法院发生法律效力的判决、裁定、调解书。对于公民、法人或者其他组织以及行政机关拒绝履行生效裁判的执行的情形,《行政诉讼法》第九十五条、第九十六条分别作出了规定。

1. 对公民、法人或者其他组织拒绝履行判决、裁定、调解书的执行

公民、法人或者其他组织拒绝履行判决、裁定、调解书的,行政机关或者第三人可以向第一审人民法院申请强制执行,或者由行政机关依法强制执行。

向人民法院提出申请后,人民法院依法强制执行;或者指定行政机关依照其法律规定的权限对人民法院的裁判予以强制执行。

2. 对行政机关拒绝履行生效判决、裁定、调解书的执行

行政机关拒绝履行判决、裁定、调解书的,第一审人民法院可以采取下列措施:

(1)对应当归还的罚款或者应当给付的款额,通知银行从该行政机关的账户内划拨。

(2)在规定期限内不履行的,从期满之日起,对该行政机关负责人按日处五十元至一百元的罚款。

(3)将行政机关拒绝履行的情况予以公告。

(4)向监察机关或者该行政机关的上一级行政机关提出司法建议。接受司法建议的机关,根据有关规定进行处理,并将处理情况告知人民法院。

(5)拒不履行判决、裁定、调解书,社会影响恶劣的,可以对该行政机关直接负责的主管人员和其他直接责任人员予以拘留;情节严重,构成犯罪的,依法追究刑事责任。

这里行政机关的"拒绝履行",应做广义理解,包含以下几种情形:①明确

表示拒绝;②拖延履行;③采取相反的行动,比如加大处罚;④怠于履行等。

(二)非诉行政执行

《行政诉讼法》第九十七条规定:"公民、法人或者其他组织对行政行为在法定期限内不提起诉讼又不履行的,行政机关可以申请人民法院强制执行,或者依法强制执行。"也就是说:法律赋予行政机关强制执行权的,由行政机关依法执行;行政机关没有强制执行权的,申请人民法院强制执行。

1.行政机关依法强制执行

如果法律明确规定行政机关具有强制执行权,则在符合法定情形的条件下,行政机关可以依法采取强制措施。例如《海关法》第六十条规定,进出口货物的纳税义务人,应当自海关填发税款缴款书之日起十五日内缴纳税款;逾期缴纳的,由海关征收滞纳金。纳税义务人、担保人超过三个月仍未缴纳的,经直属海关关长或者其授权的隶属海关关长批准,海关可以采取下列强制措施:①书面通知其开户银行或者其他金融机构从其存款中扣缴税款;②将应税货物依法变卖,以变卖所得抵缴税款;③扣留并依法变卖其价值相当于应纳税款的货物或者其他财产,以变卖所得抵缴税款。海关采取强制措施时,对前款所列纳税义务人、担保人未缴纳的滞纳金同时强制执行。

2.申请人民法院强制执行

在行政机关没有强制执行权的情况下,行政机关符合法定条件可以申请人民法院采取强制执行措施。《行诉解释》第一百五十五条规定:"行政机关根据行政诉讼法第九十七条的规定申请执行其行政行为,应当具备以下条件:(一)行政行为依法可以由人民法院执行;(二)行政行为已经生效并具有可执行内容;(三)申请人是作出该行政行为的行政机关或者法律、法规、规章授权的组织;(四)被申请人是该行政行为所确定的义务人;(五)被申请人在行政行为确定的期限内或者行政机关催告期限内未履行义务;(六)申请人在法定期限内提出申请;(七)被申请执行的行政案件属于受理执行申请的人民法院管辖。"

非诉行政执行的前提是"法定期限内不提起诉讼又不履行"。《行诉解释》第一百五十六条规定:"没有强制执行权的行政机关申请人民法院强制执行其行政行为,应当自被执行人的法定起诉期限届满之日起三个月内提出。逾期申请的,除有正当理由外,人民法院不予受理。"

二、要点提示

律师代理参与执行程序,要充分了解行政诉讼执行程序的特点,区分作为行政相对人和行政机关申请执行的不同点,推进代理工作。

(一)掌握"诉讼不停止执行"的例外

诉讼期间,除特殊情形外,不停止行政行为的执行。根据《行政诉讼法》第五十六条、第五十七条的规定,行政相对人的律师认为存在行政行为需要停止执行的情形时,要在诉讼过程中及时向人民法院提出。此外,在非诉行政执行中,也存在"诉讼不停止执行"的例外情形,但限于行政机关本身具有行政强制执行权的情况。如果行政机关没有强制执行权力,需要申请法院执行的,不受该条约束。律师如果作为行政机关的法律顾问,在行政机关作出行政行为,当事人已经提起行政诉讼的情况下,本身不具有行政强制执行权的行政机关,也不能向法院申请非诉行政执行。

●●●●●●●● **法条链接**

《行政诉讼法》

第五十六条第一款　诉讼期间,不停止行政行为的执行。但有下列情形之一的,裁定停止执行:

(一)被告认为需要停止执行的;

(二)原告或者利害关系人申请停止执行,人民法院认为该行政行为的执行会造成难以弥补的损失,并且停止执行不损害国家利益、社会公共利益的;

(三)人民法院认为该行政行为的执行会给国家利益、社会公共利益造成重大损害的;

(四)法律、法规规定停止执行的。

第五十七条第一款　人民法院对起诉行政机关没有依法支付抚恤金、最低生活保障金和工伤、医疗社会保险金的案件,权利义务关系明确、不先予执行将严重影响原告生活的,可以根据原告的申请,裁定先予执行。

(二)区分生效裁判的执行和非诉行政执行的不同申请期限

当事人对生效裁判的申请,期限为两年;没有强制执行权的行政机关申请人民法院强制执行其行政行为,期限为三个月。

另外,在申请期限上还有个特殊规定,行政机关根据法律的授权对平等主体之间民事争议作出裁决后,当事人在法定期限内不起诉又不履行,作出裁决的行政机关在申请执行的期限内未申请人民法院强制执行的,生效行政裁决确定的权利人或者其继承人、权利承受人申请人民法院强制执行的,申请期限为六个月。

●●●●●●●● 法条链接

《最高人民法院关于适用〈中华人民共和国行政诉讼法〉的解释》

第一百五十三条 申请执行的期限为二年。申请执行时效的中止、中断,适用法律有关规定。

申请执行的期限从法律文书规定的履行期间最后一日起计算;法律文书规定分期履行的,从规定的每次履行期间的最后一日起计算;法律文书中没有规定履行期限的,从该法律文书送达当事人之日起计算。

逾期申请的,除有正当理由外,人民法院不予受理。

第一百五十六条 没有强制执行权的行政机关申请人民法院强制执行其行政行为,应当自被执行人的法定起诉期限届满之日起三个月内提出。逾期申请的,除有正当理由外,人民法院不予受理。

第一百五十八条 行政机关根据法律的授权对平等主体之间民事争议作出裁决后,当事人在法定期限内不起诉又不履行,作出裁决的行政机关在申请执行的期限内未申请人民法院强制执行的,生效行政裁决确定的权利人或者其继承人、权利承受人在六个月内可以申请人民法院强制执行。

享有权利的公民、法人或者其他组织申请人民法院强制执行生效行政裁决,参照行政机关申请人民法院强制执行行政行为的规定。

（三）重视非诉行政执行中的听证程序

在非诉行政执行中，听证程序是指在特定情形下，人民法院不采取书面审查的方式，而采取类似开庭审理的方式对行政机关申请强制执行的行政行为进行合法性审查的程序。主要包括以下三种情形：①明显缺乏事实根据的；②明显缺乏法律、法规依据的；③其他明显违法并损害被执行人合法权益的。

听证是人民法院作出裁定前听取被执行人和行政机关的意见的程序。无论是被执行人还是行政机关的代理人，都必须高度重视听证程序，在听证程序中充分阐述意见，维护当事人合法权益。

● ● ● ● ● ● ● ●　法条链接

《行政强制法》第五十八条第一款

人民法院发现有下列情形之一的，在作出裁定前可以听取被执行人和行政机关的意见：

（一）明显缺乏事实根据的；

（二）明显缺乏法律、法规依据的；

（三）其他明显违法并损害被执行人合法权益的。

三、法律文书

(一)强制执行申请书

强制执行申请书

申请执行人:〔自然人〕姓名,性别,出生年月日,民族,住所,居民身份证号码。

申请执行人:〔法人〕名称,住所地,统一社会信用代码。

法定代表人姓名,职务。

申请执行人:〔行政机关〕名称,住所地。

主要负责人姓名,职务。

被执行人:同上。

请求事项:(按照法律规定的执行措施,提出具体请求)

1.

2.

事实与理由:(简要地叙述原案情和处理结果,并说明现在的执行状况;同时要阐明强制执行的必要性)

申请执行人×××与被执行人×××一案,×××人民法院于××××年××月××日作出×××号判决,该判决于××××年××月××日生效。因被申请人拒不履行生效判决,根据《中华人民共和国行政诉讼法》相关规定,特申请贵院依法强制执行。

此致

×××人民法院

申请人(签名或盖章):

年　　月　　日

(二)非诉强制执行申请书

强制执行申请书

　　申请执行人:［行政机关］名称,住所地。

　　主要负责人姓名,职务。

　　被执行人:［自然人］姓名,性别,出生年月日,民族,住所,居民身份证号码。

　　被执行人:［法人］名称,住所地,统一社会信用代码。

　　法定代表人姓名,职务。

　　申请事项:强制执行……。

　　事实与理由:本单位于××××年××月××日对被申请执行人×××作出了……的决定。因被执行人未自动履行相关义务,根据《中华人民共和国行政诉讼法》第九十七条、《中华人民共和国行政强制法》第五十三条的规定,特申请贵院强制执行。

　　此致

×××人民法院

申请人(签名或盖章):

年　　　月　　　日

第四节　实训演练

一、二审实训

(一)基本案情

2017 年 8 月 24 日 8 时许,H 市 X 区公安分局 A 派出所对辖区内 H 市某酒店进行日常检查,发现住 88×× 号客房的张某为涉毒人员,民警要求其至 A 派出所进行尿样检测。因张某拒绝尿样检测,民警于当日 17 时 55 分受案并传唤张某接受调查。后经现场尿样检测,检测结果为甲基苯丙胺呈阳性。后 X 区公安分局委托浙江迪安司法鉴定中心对张某的血液进行甲基苯丙胺定性分析,经鉴定,张某血液中检出甲基苯丙胺。2017 年 8 月 25 日,X 区公安分局作出 121×× 号处罚决定,依据《治安管理处罚法》第七十二条第三项规定,对其行政拘留十四日。张某对此不服,诉至 H 市 X 区人民法院。

H 市 X 区人民法院经审理认为,根据《治安管理处罚法》第七条之规定,X 区公安分局作出案涉行政处罚决定主体适格。《治安管理处罚法》第七十二条第三项规定:吸食、注射毒品的,处十日以上十五日以下拘留,可以并处两千元以下罚款。本案中,X 区公安分局对张某进行了尿检和血液检查,均发现其体内存在甲基苯丙胺,可以证明其吸食毒品的事实。X 区公安分局作出 121×× 号处罚决定,认定事实清楚,适用法律正确,程序并无不当。依照《行政诉讼法》第六十九条之规定,判决驳回张某的诉讼请求。

张某不服,准备向 H 市中级人民法院提出上诉。

(二)思考问题

(1)张某应该在收到判决书几日内提起上诉?

(2)张某准备上诉,同时又担心不利后果,请问二审法院如果改判或发回,是否可能加重对他的处罚？

（3）假如 X 区公安分局对张某作出行政拘留十四日的处罚决定已经实施完毕，张某是否可以在二审提出赔偿请求？

二、再审实训

（一）基本案情

2018 年 5 月 13 日下午，李某某无证驾驶其自行改装的用以载客运输的老式无牌证三轮摩托车搭载王某某途经 A 大道 B 村路段时，遇前方 W 交警支队四大队民警设卡检查。李某某为逃避检查掉头逆向行驶，交警四大队协警张某某手持木棒上前拦截。李某某减速然后又加速行驶并左右打方向逃避拦截，致使王某某从车上摔下受伤，车辆前挡风玻璃与木棒发生碰撞破碎。事故发生后，李某某驾车逃离现场，后于同月 29 日向公安机关投案。2018 年 6 月，W 交警支队就该事故作出交通事故认定复核结论，认定李某某无证驾驶机动摩托车且逃避检查逆向行驶造成事故，负事故主要责任。王某某伤势经鉴定为重度颅脑损伤，因脑外伤致精神障碍及中度智力损害（缺损），构成四级伤残和十级伤残。王某某向 W 市 L 区人民法院提起行政诉讼，要求确认 W 交警支队设卡拦截车辆行为违法，同时提起本案行政赔偿诉讼。

W 市 L 区人民法院经审理认为，根据《国家赔偿法》第三条的规定，行政机关及其工作人员在行使行政职权时有侵犯人身权情形的，受害人有取得赔偿的权利。王某某所称 W 交警支队设卡检查时强行拦截违法车辆的行为，经本院审理认为虽然不符合《交通警察道路执勤执法工作规范》第七十三条的规定，有违工作规范，确有不当之处，但尚不能称之为违法。因此，王某某要求 W 交警支队给予行政赔偿的请求，依据不足，应予以驳回。至于王某某在本事故中所受损失，可通过相关民事法律途径解决。据此判决驳回王某某的诉讼请求。

王某某不服，向 W 市中级人民法院提起上诉。W 市中级人民法院经审理认为：被上诉人 W 交警支队在案发地段设卡检查车辆，协警张某某在李某某掉头逃避检查的情况下上前拦截车辆，其目的在于使李某某停车接受检查，该

案例解析

行为系与履行职务相关的事实行为,而非发生法律效力的行政行为。上诉人就该行为提起行政诉讼,不属于人民法院行政诉讼受案范围,应予驳回,其一并提出的行政赔偿诉讼也应一并驳回。原判判决驳回王某某诉讼请求,于法不符。王某某可就其所受的人身伤害损害赔偿问题根据相关法律规定进行救济。故裁定撤销原判,驳回王某某的起诉。

王某某不服,准备向 Z 省高级人民法院提起再审申请。

(二)思考问题

(1)王某某应该在收到二审裁定书后多少时间内提起再审申请?

(2)Z 省高级人民法院会不会再审王某某案?

三、执行实训

案例解析

(一)基本案情

A 公司在 N 市 H 区 B 大厦西侧绿地内铺设了混凝土和植草砖,铺设面积约 200 平方米。经核实,该处为城市绿地,且 A 公司改变绿地使用性质的行为未经审批。2021 年 5 月 20 日,N 市 H 区综合行政执法局向 A 公司送达了《行政处罚事先告知书》,A 公司未在规定期限内向 N 市 H 区综合行政执法局进行陈述和申辩。A 公司上述行为违反了《N 市城市绿化条例》第二十九条第一款的规定,属于违法改变绿地使用性质的行为。鉴于 A 公司未曾发生过相同违法行为,具有从轻情节,依据《N 市城市绿化条例》第四十三条、《N 市综合行政执法机关行政处罚自由裁量权实施办法》的相关规定,2021 年 5 月 27 日,N 市 H 区综合行政执法局作出《行政处罚决定书》,责令A 公司恢复该处绿地原状,并处罚款 10800 元。该《行政处罚决定书》于2021 年 5 月 28 日送达了 A 公司,A 公司在法定期限内对该行政处罚决定既未提起行政复议又未提起行政诉讼。2021 年 9 月 14 日,N 市 H 区综合行政执法局向 A 公司送达了《N 市 H 区综合行政执法局行政决定履行催告书》。A 公司仍未自动履行相关义务。

(二)思考问题

(1)N 市 H 区综合行政执法局应依职权强制执行还是申请人民法院强制执行?

(2)如果申请人民法院强制执行,N 市 H 区综合行政执法局应该在什么时候向法院提出申请?

(3)N 市 H 区综合行政执法局向法院申请强制执行,应该提供什么材料?

案例解析

第三编

行政复议

　　行政复议是指行政相对人或者利害关系人认为行政主体的行政行为侵犯其合法权益,依法向行政复议机关提出复查该行政行为的申请,行政复议机关依照法定程序对被申请的行政行为进行合法性、适当性审查,并作出行政复议决定的一项法律制度。本编重点论述律师作为行政复议的参与者,如何在行政复议申请、行政复议审理、行政复议与行政诉讼衔接中发挥自身角色,帮助律师梳理行政复议的全流程,明确行政复议各环节的法律规定,指导律师如何进行实操,避免其纸上谈兵,使其少走弯路。

近年来,随着"行政复议作为化解行政争议主渠道"定位的确立,行政案件当事人和律师更加倾向通过行政复议渠道寻求解决行政争议。如何精准识别委托人请求事项是否满足行政复议申请条件,如何既快又好地撰写行政复议申请文书,如何及时有效地向有管辖权的复议机关提交申请等,已然成为律师办理行政案件的必备技能。此外,行政机关当前持续以数字化改革为牵引,重塑各项体制机制,在行政复议领域紧扣"高效便民"原则,迭代优化行政复议申请、审理方式等机制,这对律师办理行政案件的思路和模式也提出了新要求。律师需要密切关注全国范围内司法领域数字化改革的成果,并将其应用于实务中。

第一节　行政复议申请条件

一、基本内容

符合行政复议申请条件,是行政争议进入行政复议渠道化解,达成当事人诉求的前提。识别行政复议申请条件主要从行政复议受案范围、申请人资格、被申请人资格、行政复议机关管辖权等几个方面把握。实务中行政复议容易与信访(举报)、行政复核等业务混淆,需要律师加以甄别,防止出现操作偏差。

(一)行政复议受案范围

行政复议的受案范围由三个条款构成,分别是《行政复议法》第六条、第七条和第八条。其中第六条以肯定式列举的方式规定了行政复议 11 个方面的受案范围,涉及行政处罚、行政强制、行政许可、行政确认等行政行为。第七条规定了行政相对人或者利害关系人在对行政行为提起行政复议时,可以附带对该行政行为所依据的行政规范性文件一并提出审查要求。第八条以否定性排除的方式,明确行政机关作出的行政处分、人事处理决定、对民事纠纷作出的调解或者其他处理等不属于行政复议受案范围,只能通过申诉、仲裁等其他法定途径解决。

由于行政机关部门、层级众多,作出的各类行为更是纷繁复杂,律师在办理案件时如要快速精准地识别某一争议行为是否属于行政复议受案范围,较为直接、有效的方法是"反向排除加正向复查",即明确哪些不属于行政复议受案范围,再对比符合申请条件的范围。《行政复议法》第八条和《行诉解释》第一条分别列举明确了不属于行政复议和行政诉讼受案范围的事项。虽然行政复议和行政诉讼法理不同,但受案范围仍存在共性,实务中不属于行政诉讼受案范围的,同样不能进入行政复议审理。值得注意的是,现阶段行政协议案件只能通过行政诉讼方式救济,行政复议暂没有受理先例。律师在判断行政复议申请条件时可以将两者相互参照比对,快速识别。同时,还要注意几种特殊情形:一是国务院作出的行政行为不可复议,如《土地管理法》规定的国务院对符合条件的集体土地征收批准(含由国务院批准农用地转用、土地利用总体规划调整的情形);二是《道路交通安全法》规定的交通事故认定书不可复议(因其只作为证据,诉讼中经法院审查认定才具有直接法律效力);三是公证机关作出的公证书不可复议(公证书只是对当事人之间权利义务作出的证明,并不产生新的权利义务)。

(二)行政复议申请人资格

根据《行政复议法》第十条第一款,申请行政复议的公民、法人或者其他组织是行政复议申请人。适格申请人是指认为行政行为对其权利义务产生实际影响的主体,包括行政相对人和利害关系人:一是要产生实际权利义务影响;二是该种权利义务影响受到行政法律规范的保护,区别于普通公众的反射利益。概括来讲,行政复议申请人需与行政行为有行政法上的利害关系。因此,律师在实务中首先应保持独立思维,要客观地从行政行为的影响对象入手,严格依据法条规定核实申请人资格,不能仅凭委托人的陈述作判断。

根据《行政复议法》第十条第二款,有权申请行政复议的公民死亡的,其近亲属可以申请行政复议。有权申请行政复议的公民为无民事行为能力人或者限制民事行为能力人的,其法定代理人可以代为申请行政复议。有权申请行政复议的法人或者其他组织终止的,承受其权利的法人或者其他组织可以申请行政复议。由此可知,民法上的法定继承人(权利继承组织)、法定代理人同样可以作为行政申请人。

(三)行政复议被申请人适格

行政复议被申请人一般是作出行政行为的行政机关。实务中,律师要特别注意复杂情形下被申请人的确定。如近年来在商事登记、不动产登记等民生高频事项中普遍采用的"一窗受理、并联审批、集成服务"模式,因为涉及多个行政部门在一个综合行政服务机构(如行政服务中心)统一办公,业务受理上采取一个窗口对外,业务流程上采取多个部门同一时点分头审批,大大增加了确定被申请人的难度。

浙江省的司法实践经验值得参考:首先,在"一窗受理、并联审批、集成服务"模式中律师要明确行政服务中心等综合行政服务机构的法律地位。《浙江省保障"最多跑一次"改革规定》第五条第二款规定,县级以上人民政府可以指定综合行政服务机构以该机构的名义统一负责办事事项的收件工作,并指定综合行政服务机构受行政机关委托统一负责办事事项的受理、送达工作。由此可见,行政服务中心等综合行政服务机构属于被委托人地位,相应行政法律责任由委托机关承担。

其次,在该模式中律师要明确受理机关是谁。《浙江省保障"最多跑一次"

改革规定》第五条第三款规定,实行统一收件或者受理的办事事项可以由不同行政机关同时办理的,统一收件或者受理后视为所有行政机关同时收件或者受理;依法应当由不同行政机关依次办理的,后一行政机关收到前一行政机关办事事项办理完毕的书面告知视为收件或者受理。

最后,在该模式中律师要明确行政行为的决定机关是谁。县级以上人民政府确定一个行政机关(或综合行政服务机构)受理行政许可申请,如果当事人对该行政机关(或综合行政服务机构)不予受理决定不服申请复议的,由该行政机关(或委托行政服务机构的机关)作为被申请人。对于其他作出实质性决定不服的,由作出实质性决定的机关为被申请人。

(四)行政复议管辖权

适格的行政复议管辖机关要在个案中视行政复议被申请人情况确定。

对县级以上地方各级人民政府工作部门的行政行为不服的,根据《行政复议法》第十二条,申请人可以选择向该部门的本级人民政府申请行政复议,也可以向上一级主管部门申请行政复议。但是对海关、金融、国税、外汇管理等实行垂直领导的行政机关和国家安全机关的具体行政行为不服的,只能向上一级主管部门申请行政复议。

对地方各级人民政府的行政行为不服的,《行政复议法》第十三条规定,向上一级地方人民政府申请行政复议。对省、自治区人民政府依法设立的派出机关所属的县级地方人民政府的具体行政行为不服的,向该派出机关申请行政复议。

对国务院部门或者省、自治区、直辖市人民政府的行政行为不服的,《行政复议法》第十四条规定,向作出该具体行政行为的国务院部门或者省、自治区、直辖市人民政府申请行政复议。对行政复议决定不服的,可以向人民法院提起行政诉讼,也可以向国务院申请裁决,国务院依照本法的规定作出最终裁决。

针对对前述以外的其他行政机关、组织的行政行为不服时行政复议机关的确定问题,《行政复议法》第十五条作出规定:①对县级以上地方人民政府依法设立的派出机关的行政行为不服的,向设立该派出机关的人民政府申请行政复议;②对政府工作部门依法设立的派出机构依照法律、法规或者规章规定,以自己的名义作出的具体行政行为不服的,向设立该派出机构的部门或者该部门的本级地方人民政府申请行政复议;③对法律、法规授权的组织的行政行为不服的,分别向直接管理该组织的地方人民政府、地方人民政府工作部门或者国务院部门申请行政复议;④对两个或者两个以上行政机关以共同的名义作出的行政行为不服的,向其共同上一级行政机关申请行政复议;⑤对被撤销的行政机关在撤销前所作出的具体行政行为不服的,向继续行使其职权的行政机关的上一级行政机关申请行政复议。有前款所列情形之一的,申请人也可以向具体行政行为发生地的县级地方人民政府提出行政复议申请,由接受申请的县级地方人民政府依照本法第十八条的规定办理。

出于行政高效便民原则的要求,《行政复议法》赋予了行政复议申请人自主选择复议机关的权利。需要注意的是,2020 年 4 月,中央全面依法治国委员会印发实施《行政复议体制改革方案》,在充分吸收浙江省改革成果的基础上,提出"整合行政复议职责""一级政府只保留一个行政复议机关""县级以上地方人民政府统一管辖行政复议案件"等改革措施,律师在实务中要重点掌握行政复议集中审理改革后的具体做法。按照《行政复议体制改革方案》,各级人民政府设立行政复议局,对行政复议实行"统一接收、统一受理、统一审理、统一决定、统一应诉"的工作机制,除海关、金融、国税、外汇管理等实行垂直领导的行政机关和国家安全机关行政复议案件外,行政复议申请原则上由各级行政复议局统一接收,政府各职能部门原则上不再接收行政复议申请。因此,律师只需要选择向行政行为作出机关的同级行政复议局提交行政复议申请即可。

(五)行政复议和信访、行政复核的区别

行政复议、信访、行政复核都是向行政机关寻求权利救济的方式,实务中容易混淆,需严格区别。

1.申请主体不同

行政复议申请人必须是行政相对人或者利害关系人。而信访人既可以是行政相对人、利害关系人,也可以是与行政行为无直接利害关系的人员。

2.受理范围不同

行政复议受理范围限于行政机关的行政行为。信访的受理范围十分宽泛,既可以针对各级党委、人大、行政机关、法院、检察院、监察机关的行为,也

可以针对其工作人员的个人行为。

3.办理程序不同

行政复议由同级人民政府或者上一级行政部门办理。行政复核应由作出行政决定的机关再次复查核对,系由原机关办理。信访则按照"属地管理、分级负责,谁主管、谁负责"的原则办理。

二、要点提示

(一)严格依据法律规定判断争议行为是否属于行政复议受案范围

首先确认是否属于《行政复议法》第六条所列举的可复议行政行为范围或者第八条所列举的其他行为,其次明确争议行为是否对当事人权利义务可能产生实际不利影响,熟练掌握"反向排除加正向复查"的判断技巧。

●●●●●●●●　　**法条链接**

《行政复议法》

第六条　有下列情形之一的,公民、法人或者其他组织可以依照本法申请行政复议:

(一)对行政机关作出的警告、罚款、没收违法所得、没收非法财物、责令停产停业、暂扣或者吊销许可证、暂扣或者吊销执照、行政拘留等行政处罚决定不服的;

(二)对行政机关作出的限制人身自由或者查封、扣押、冻结财产等行政强制措施决定不服的;

(三)对行政机关作出的有关许可证、执照、资质证、资格证等证书变更、中止、撤销的决定不服的;

(四)对行政机关作出的关于确认土地、矿藏、水流、森林、山岭、草原、荒地、滩涂、海域等自然资源的所有权或者使用权的决定不服的;

(五)认为行政机关侵犯合法的经营自主权的;

（六）认为行政机关变更或者废止农业承包合同，侵犯其合法权益的；

（七）认为行政机关违法集资、征收财物、摊派费用或者违法要求履行其他义务的；

（八）认为符合法定条件，申请行政机关颁发许可证、执照、资质证、资格证等证书，或者申请行政机关审批、登记有关事项，行政机关没有依法办理的；

（九）申请行政机关履行保护人身权利、财产权利、受教育权利的法定职责，行政机关没有依法履行的；

（十）申请行政机关依法发放抚恤金、社会保险金或者最低生活保障费，行政机关没有依法发放的；

（十一）认为行政机关的其他具体行政行为侵犯其合法权益的。

第八条　不服行政机关作出的行政处分或者其他人事处理决定的，依照有关法律、行政法规的规定提出申诉。

不服行政机关对民事纠纷作出的调解或者其他处理，依法申请仲裁或者向人民法院提起诉讼。

（二）提供初步证据证明当事人具有行政复议申请人资格

行政复议申请人分为被复议行政行为的相对人或者利害关系人，实务中律师应当指导委托人提交证据或者说明以证明其与被复议行政行为之间具有法律上的利害关系。

（三）适格的行政复议被申请人应是实质行使职权作出决定的行政机关

首先，明确是否有符合规定的行政机关作为被申请人。其次，排除非本机关复议受理范围的被申请人（具体依据《行政复议法实施条例》第十二条至第十四条）。特别是在"一窗受理、并联审批、集成服务"模式下，应由"作出实质决定"的机关作为行政复议被申请人。

●●●●●●●● **法条链接**

《行政复议法实施条例》

第十二条 行政机关与法律、法规授权的组织以共同的名义作出具体行政行为的,行政机关和法律、法规授权的组织为共同被申请人。

行政机关与其他组织以共同名义作出具体行政行为的,行政机关为被申请人。

第十三条 下级行政机关依照法律、法规、规章规定,经上级行政机关批准作出具体行政行为的,批准机关为被申请人。

第十四条 行政机关设立的派出机构、内设机构或者其他组织,未经法律、法规授权,对外以自己名义作出具体行政行为的,该行政机关为被申请人。

(四)视被申请人情况选定有管辖权的行政复议机关

在当前"集中审理"行政复议体制改革下,除海关、金融、国税、外汇管理等实行垂直领导的行政机关和国家安全机关行政复议案件外,行政复议申请原则上由各级行政复议局统一接收、办理,以法定的行政复议机关名义出具行政复议决定。

●●●●●●●● **法条链接**

《行政复议法》

第十二条 对县级以上地方各级人民政府工作部门的具体行政行为不服的,由申请人选择,可以向该部门的本级人民政府申请行政复议,也可以向上一级主管部门申请行政复议。

对海关、金融、国税、外汇管理等实行垂直领导的行政机关和国家安全机关的具体行政行为不服的,向上一级主管部门申请行政复议。

第十三条　对地方各级人民政府的具体行政行为不服的,向上一级地方人民政府申请行政复议。

对省、自治区人民政府依法设立的派出机关所属的县级地方人民政府的具体行政行为不服的,向该派出机关申请行政复议。

第十四条　对国务院部门或者省、自治区、直辖市人民政府的具体行政行为不服的,向作出该具体行政行为的国务院部门或者省、自治区、直辖市人民政府申请行政复议。对行政复议决定不服的,可以向人民法院提起行政诉讼;也可以向国务院申请裁决,国务院依照本法的规定作出最终裁决。

第十五条　对本法第十二条、第十三条、第十四条规定以外的其他行政机关、组织的具体行政行为不服的,按照下列规定申请行政复议:

(一)对县级以上地方人民政府依法设立的派出机关的具体行政行为不服的,向设立该派出机关的人民政府申请行政复议;

(二)对政府工作部门依法设立的派出机构依照法律、法规或者规章规定,以自己的名义作出的具体行政行为不服的,向设立该派出机构的部门或者该部门的本级地方人民政府申请行政复议;

(三)对法律、法规授权的组织的具体行政行为不服的,分别向直接管理该组织的地方人民政府、地方人民政府工作部门或者国务院部门申请行政复议;

(四)对两个或者两个以上行政机关以共同的名义作出的具体行政行为不服的,向其共同上一级行政机关申请行政复议;

(五)对被撤销的行政机关在撤销前所作出的具体行政行为不服的,向继续行使其职权的行政机关的上一级行政机关申请行政复议。

有前款所列情形之一的,申请人也可以向具体行政行为发生地的县级地方人民政府提出行政复议申请,由接受申请的县级地方人民政府依照本法第十八条的规定办理。

(五)区分行政复议和信访、复核,用好不同的权利救济方式

行政复议受案范围仅限于行政行为,且由同级人民政府或者上一级行政部门办理。而信访受案范围比行政复议宽泛,行政复核则由原机关办理。

第二节　复议申请的撰写与提交

一、基本内容

行政复议实行不告不理原则，复议申请是行政复议启动的前提和基础，复议申请书只有载明法定内容，符合法定要件，才能达到书面申请的目的。实务中律师必须明确复议申请书包含的基本内容是什么、注意事项有哪些。同时，要明确复议申请提交的对象（向谁提）、方式（怎么提）、时间（什么时候提）。

（一）复议申请书的撰写

《行政复议法实施条例》第十九条规定，申请人书面申请行政复议的，应当在行政复议申请书中载明下列事项，"（一）申请人的基本情况，包括：公民的姓名、性别、年龄、身份证号码、工作单位、住所、邮政编码；法人或者其他组织的名称、住所、邮政编码和法定代表人或者主要负责人的姓名、职务；（二）被申请人的名称；（三）行政复议请求、申请行政复议的主要事实和理由；（四）申请人的签名或者盖章；（五）申请行政复议的日期"。重点掌握四个方面内容：一是申请人的基本情况信息，建议填写申请人有效的联系方式，以便复议机关与申请人及时沟通联系；二是被申请人的基本情况信息，包括名称、地址、法定代表人等；三是申请复议的请求、事实和理由，事实方面注意围绕请求和理由进行阐述，直奔主题，请求方面必须明确是请求撤销或者变更行政行为，还是请求确认违法或者请求行政机关履行法定职责，理由方面注意应包含法律依据和事实根据；四是复议申请书呈送的复议机关名称以及申请日期、申请人签字盖章。同时，申请书文字上要简明扼要，语气上要切实中肯，切忌带有贬低行政机关或情绪宣泄的用词。

（二）复议申请的提交

1. 复议申请方式

《行政复议法》第十一条规定："申请人申请行政复议，可以书面申请，也可以口头申请；口头申请的，行政复议机关应当当场记录申请人的基本情况、行政复议请求、申请行政复议的主要事实、理由和时间。"在具体办理案件过程中，除非情况特殊或者存在超期风险，原则上要指导委托人采用书面方式进行复议申请。对于口头申请复议的，律师要注意口头申请并不代表可以用电话方式申请，因为电话申请当事人不亲自到场，无法确认身份信息，也无法提交签收法律文书和证据资料。

当前，各地司法行政机关积极探索"互联网＋行政复议"模式，拓展行政复议线上（网上）申请，行政复议申请方式正在发生变革。如浙江于 2021 年 10 月在全省正式上线行政复议网上申请应用，当事人（律师）可以依托浙江政务服务网或者浙里办手机 APP 在线提交复议申请，建立了线上线下两套申请渠道。同时不断完善法规，保障线上申请的法律效力，例如《浙江省保障"最多跑一次"改革规定》第五条规定，"申请人选择线上方式提出申请的，电子申请材料与纸质申请材料具有同等法律效力，行政机关、综合行政服务机构不得要求再提供纸质申请材料。法律、行政法规另有规定的，从其规定"。律师要及时将各地数字改革成果运用于实务中，总结梳理办案经验，形成符合自身办案习惯的思维逻辑和方式方法。

2. 复议申请期限

《行政复议法》第九条规定："公民、法人或者其他组织认为具体行政行为侵犯其合法权益的，可以自知道该具体行政行为之日起六十日内提出行政复议申请；但是法律规定的申请期限超过六十日的除外。因不可抗力或者其他正当理由耽误法定申请期限的，申请期限自障碍消除之日起继续计算。"对于行政行为已经告知复议申请期限的，申请人必须严格依据前述规定在六十日内提起复议申请，只有全国人大及其常委会制定的法律规定复议申请期限超过六十日的，才能从其规定。律师办案时应首先梳理个案事实，明确是否存在复议申请超期的法律风险，并且须注意行政复议法第九条中"六十日"指的是自然日，而非工作日，也不是两个月。

司法实践中,基于行政诉讼和行政复议之间的衔接关系和稳定行政法律关系的需要,可以参照行政诉讼法及司法解释的规定计算行政复议最长申请期限,即不动产权争议案件自行政行为作出之日起超过二十年、其他案件自行政行为作出之日起超过五年申请复议的,复议机关不予受理。对于行政行为未告知复议申请期限的,从知道或者应当知道行政行为内容之日起,申请人申请复议的期限最长不得超过一年。同时,《行政复议法(修订)(征求意见稿)》第二十四条将复议申请期限从六十日延长到六个月,这充分体现了复议体制机制改革意在充分保障群众申请权方面的努力。

二、要点提示

(一)行政复议申请书必须包含法定内容

一是申请人的基本情况;二是被申请人的基本情况;三是复议请求、事实和理由;四是复议申请书呈送的复议机关以及申请日期、申请人签字盖章。

●●●●●●●● 法条链接

《行政复议法实施条例》第十九条

申请人书面申请行政复议的,应当在行政复议申请书中载明下列事项:

(一)申请人的基本情况,包括:公民的姓名、性别、年龄、身份证号码、工作单位、住所、邮政编码;法人或者其他组织的名称、住所、邮政编码和法定代表人或者主要负责人的姓名、职务;

(二)被申请人的名称;

(三)行政复议请求、申请行政复议的主要事实和理由;

(四)申请人的签名或者盖章;

(五)申请行政复议的日期。

（二）行政复议申请必须在法定申请期限内提出

《行政复议法》第九条强调了行政复议申请期限自知道行政行为内容之日起六十日内，法律规定申请期限超过六十日的，从其规定。同时，律师需要注意一定情况下行政复议与行政诉讼在申请期限上的衔接参照关系，依法维护委托人合法权益。

●●●●●●●　法条链接

《行政复议法》第九条

公民、法人或者其他组织认为具体行政行为侵犯其合法权益的，可以自知道该具体行政行为之日起六十日内提出行政复议申请；但是法律规定的申请期限超过六十日的除外。

因不可抗力或者其他正当理由耽误法定申请期限的，申请期限自障碍消除之日起继续计算。

《行政复议法实施条例》第十六条

公民、法人或者其他组织依照行政复议法第六条第（八）项、第（九）项、第（十）项的规定申请行政机关履行法定职责，行政机关未履行的，行政复议申请期限依照下列规定计算：

（一）有履行期限规定的，自履行期限届满之日起计算；

（二）没有履行期限规定的，自行政机关收到申请满60日起计算。

公民、法人或者其他组织在紧急情况下请求行政机关履行保护人身权、财产权的法定职责，行政机关不履行的，行政复议申请期限不受前款规定的限制。

三、法律文书

行政复议申请书

申请人：×××（申请人为公民的，应写明姓名、性别、民族、住址、邮编、联系电话；申请人为法人或其他组织的，应写明单位名称、住所、法定代表人及其职务、联系人及电话）

被申请人：×××（被申请人名称）

复议请求：××××（要求撤销或变更某具体行政行为，或要求确认某具体行政行为违法，或责令限期履行某法定职责。要求国家赔偿的应写明赔偿方式及赔偿数额）

事实和理由：××××（简明扼要地阐述申请复议的事实和理由，可分条分点阐述）

此致

××××（行政复议机关名称）

附件：1.（证据名称及拟证明的内容等）

2.…………

申请人：（签名或盖章）

××××年××月××日

第三节　实训演练

一、基本案情

2015年12月,某物业服务集团有限公司(以下简称物业公司)与开发建设单位签订Z楼盘前期物业服务合同,约定Z楼盘住宅的物业收费标准是4.5元/月/平方米。Z楼盘于2018年8月30日开始交付,物业公司与业主陆续签订前期物业服务协议,协议约定住宅的前期物业收费标准是4.5元/月/平方米。2018年9月起,物业公司向业主开始收取前期物业管理费用。Z楼盘的业主委员会于2021年1月22日成立并在属地街道办事处备案。截至2021年1月31日,物业公司共向Z楼盘的284户业主收取前期物业管理费5598724.30元。

2021年1月29日,某市市场监督管理局(以下简称市场监管局)接群众举报对物业公司前期物业收费的情况进行检查,于2月20日立案调查。根据《某市物业服务收费管理实施办法(试行)》相关规定,普通住宅小区的前期物业服务收费实行政府指导价,某市发展和改革委员会《关于调整某市区普通住宅物业服务收费基准价的通知》规定,某市区普通住宅物业服务收费基准价高层一级为1.7元/平方米/月,最高上浮幅度30%,上浮后最高收费标准为2.21元/平方米/月。同年10月15日,市场监管局对物业公司作出《行政处罚决定书》,认定Z楼盘属于普通住宅小区。截至2021年1月31日,物业公司超出政府指导价可浮动区间向Z楼盘业主多收取前期物业管理费共计2849128.59元,违反了《价格法》第十二条的规定,构成价格违法行为。鉴于物业公司多次与业主委员会沟通协调并已经全额退还多收的2849128.59元,依法可从轻处罚,最终市场监管局作出责令物业公司改正前述违法行为,并处以十万元罚款的行政处罚。

物业公司认为Z楼盘属于高标准住宅,前期物业服务收费应适用市场调节价,且业主实际享受了优质物业服务,该楼盘前期物业管理费不属于非法获利,因此对市场监管局作出的《行政处罚决定书》不服,委托律师通过行政复议或者行政诉讼方式维权。

二、思考问题

(1)本案《行政处罚决定书》是否属于行政复议受理范围? 委托人是否可以自由选择行政复议或者行政诉讼方式解决争议?

(2)如提起行政复议,本案适格的复议机关有谁?

案例解析

　　行政复议审理既是行政复议机关办理复议案件的过程,也是对复议申请人实体权利进行救济的过程,既要讲究行政效率,突出高效便民,又要讲究为民维权,紧扣合法合理。实务中行政法律师可以充当政府法律顾问,以行政机关视角把握复议案件审理的原则、流程,协助行政机关办理复议案件;也可以在接受行政复议申请人委托时,以代理人身份参与行政复议审理过程。因此,律师要对行政复议审理的每项制度、每个流程了然于胸。

第一节　书面审查与听取意见

一、基本内容

　　《行政复议法》第二十二条规定"行政复议原则上采取书面审查的办法",

这是由行政效率原则决定的。同时,《行政复议法》第二十二条也规定:"申请人提出要求或者行政复议机关负责法制工作的机构认为有必要时,可以向有关组织和人员调查情况,听取申请人、被申请人和第三人的意见。"以此保障复议申请人充分发表意见的权利。实务中律师应当重点明确书面审查的基本要求,明确听取意见的适用类型。

(一)书面审查

1.书面审查的基本要求

行政复议审理的重点在于被申请人所作出的行政行为是否合法、合理。根据《行政复议法》第二十二条关于"行政复议原则上采取书面审查的办法"之规定,复议机关受理案件后,主要针对行政复议申请书和被申请人答复书及双方证据依据,结合其他在案材料进行书面审查,一般情况下不再询问或听证。但是书面审理也须符合三项基本要求:一是应当由两名以上经办人员共同办理;二是经办人员应当收集、梳理案涉事实、证据的全部资料,充分了解案涉行政行为做出的起因、经过、结果,以及当事人基本情况;三是在书面审查过程中,要以"事实清楚、证据切实充分"作为办案原则,要仔细梳理案涉主要事实情况,注意甄别案涉证据的真实性,理顺事实之间、证据之间的逻辑脉络,论证证据与事实之间的证明关系。

2.书面审查中的举证责任

行政复议案件一般由被申请人承担行政行为合法性的举证责任,申请人则负有存在行政行为的初步证明义务。《行政复议法实施条例》第二十一条对申请人在特定情形下应当提供的证明材料要求作出规定:一是认为被申请人不履行法定职责的,提供曾经要求被申请人履行法定职责而被申请人未履行的证明材料,即证明已经申请其履行法定职责的事实;二是申请行政复议时一并提出行政赔偿请求的,提供受具体行政行为侵害而造成损害的证明材料,即证明具体行政行为侵害其合法权益已造成损失,且侵害行为与造成损失之间存在因果关系。

(二)听取意见

《行政复议法实施条例》第三十三条规定:"行政复议机构认为必要时,可以实地调查核实证据；对重大、复杂的案件，申请人提出要求或者行政复议机构认为必要时，可以采取听证的方式审理。"复议申请人如认为被申请人没有全面提供材料或者认为有其他需要提交复议机关知晓的事项，可以向复议机关申请听证审理，并申请听取其意见。特别是办理土地征收、拆迁安置等案件，政策专业性强、情况复杂、涉及群体和各方利益，仅采取书面审查方式，通常不足以使经办人员准确全面地作出判断，此时听取当事人意见，对争议问题举行听证，或者进行现场勘验则显得十分必要。

《行政复议法》第二十二条规定了两种情况可以听取申请人、被申请人、第三人意见：一是申请人提出要求；二是行政复议机关负责法制工作的机构认为有必要时。律师应当及时提醒委托人有申请复议机关听取意见的权利，积极配合委托人向复议机关阐述事实和理由，发表己方意见，充分行使自身的陈述权和申辩权，使得复议机关全面了解事实，推动复议机关作出合法准确的复议决定。

《行政复议法（修订）（征求意见稿）》第四十二条规定了行政复议机关审理行政复议案件原则上应当听取申请人、第三人意见，适用简易程序审理的案件可以书面审查。这对行政复议审理方式作出了重大修改，可见听取意见的复议审理方式是今后复议法修订的方向，律师需格外予以重视。

二、要点提示

(一)掌握书面审理基本要求

一是应当由两名以上经办人员办理；二是应当收集、梳理案涉事实、证据的全部资料；三是应当以"事实清楚、证据切实充分"作为办案原则。熟练运用被申请人承担行政行为合法性举证责任，申请人负有存在行政行为的初步证明义务这一证明责任规则。

●●●●●●●● **法条链接**

《行政复议法》第二十二条

行政复议原则上采取书面审查的办法,但是申请人提出要求或者行政复议机关负责法制工作的机构认为有必要时,可以向有关组织和人员调查情况,听取申请人、被申请人和第三人的意见。

《行政复议法实施条例》第三十二条

行政复议机构审理行政复议案件,应当由2名以上行政复议人员参加。

(二)发挥听取意见、调查取证程序作用

申请人提出要求或者行政复议机关认为有必要时,应当依法听取申请人意见,向有关组织和人员调查取证,开展实地调查核实或者现场勘验,切实增强行政复议决定的合法性和合理性。

●●●●●●●● **法条链接**

《行政复议法实施条例》第三十四条

行政复议人员向有关组织和人员调查取证时,可以查阅、复制、调取有关文件和资料,向有关人员进行询问。

调查取证时,行政复议人员不得少于2人,并应当向当事人或者有关人员出示证件。被调查单位和人员应当配合行政复议人员的工作,不得拒绝或者阻挠。

需要现场勘验的,现场勘验所用时间不计入行政复议审理期限。

第二节　审理流程与权利行使

一、基本内容

行政复议审理主要包括行政复议受理、审理前准备、调查听证、合法性合理性审查、调解等流程。在当前法治新常态下，律师要紧紧围绕"公平正义"的要求，在行政复议审理参与中充分发挥"事前""事中"监督作用，切实维护当事人合法权益。

(一)行政复议受理

1.行政复议受理条件

《行政复议法》第十七条规定："行政复议机关收到行政复议申请后，应当在五日内进行审查，对不符合本法规定的行政复议申请，决定不予受理，并书面告知申请人；对符合本法规定，但是不属于本机关受理的行政复议申请，应当告知申请人向有关行政复议机关提出。除前款规定外，行政复议申请自行政复议机关负责法制工作的机构收到之日起即为受理。"

复议机关在受理时只作形式审查，重点审查复议申请是否满足以下要件：一是行政复议申请符合复议申请条件，包括是否有申请人资格、被申请人是否适格、是否有明确的行政复议请求和事实根据、是否属于复议受理范围和复议机关管辖范围等；二是提起行政复议申请未超出法定期限以及如果超出需有正当理由；三是申请行政复议前未提起行政诉讼；四是不存在重复申请。对符合以上四方面要件的，行政复议申请应当受理。同时，需注意行政复议机关在法定审查期限内未决定受理、未作出不予受理决定、未通知补正并且未告知向有管辖权复议机关申请的，原则视为复议机关已经受理。

实务中律师还需注意部门法对于行政复议受理的特别规定，如根据《税收征收管理法》第八十八条第一款的规定，纳税人、扣缴义务人、纳税担保人同税务机关在纳税上发生争议时,必须先依照税务机关的纳税决定缴纳或者解缴税款及滞纳金或者提供相应的担保,然后可以依法申请行政复议,否则复议机关不予受理。

2.不予受理的处置

复议机关对不符合法定申请条件的,应当决定不予受理,并制作不予受理决定书,不予受理决定书应当载明不予受理的理由。律师作为政府法律顾问时应当坚持合理行政原则,认真负责对待每一起行政复议申请,对不属于行政复议受理范围或者应当通过其他救济方式解决的事项要耐心细致地做好沟通解释,有针对性地告知申请人解决问题的方式和途径,不能简单"一推了之"。此外,不予受理决定书对申请人权利产生影响,律师接受申请人委托时要积极主动监督复议机关行为,切实维护申请人的合法权益。

3.行政复议申请的转送

《行政复议法》第十八条规定:"依照本法第十五条第二款的规定接受行政复议申请的县级地方人民政府,对依照本法第十五条第一款的规定属于其他行政复议机关受理的行政复议申请,应当自接到该行政复议申请之日起七日内,转送有关行政复议机关,并告知申请人。"行政复议机关对符合法律规定,但不属于本级机关受理的复议申请,应当告知申请人向有权管辖的复议机关提出。对于行政复议申请的转送,当前复议案件集中审理模式可以充分发挥复议申请转送机制高效便民的效果,同时在实务中律师要注意转送期间是不计入复议案件审理期限的。

(二)行政复议补正申请

《行政复议法实施条例》第二十九条规定:"行政复议申请材料不齐全或者表述不清楚的,行政复议机构可以自收到该行政复议申请之日起5日内书面通知申请人补正。补正通知应当载明需要补正的事项和合理的补正期限。无正当理由逾期不补正的,视为申请人放弃行政复议申请。补正申请材料所用时间不计入行政复议审理期限。"实践中经常会出现复议申请材料不齐全或者表述不清楚的情况,按照规定,补正通知应当一次性载明需要补正的事项,不能多次要求申请人补正,增加其负担。同时,律师也要注意在补正通知书规定的期限内无正当理由逾期不补正的,视为申请人放弃行政复议申请。

（三）审理前准备事项

行政复议申请被受理后,行政复议案件的审限开始计算,在进入实质性审理之前复议机关要先处理以下几个事项。

1.确定承办人员

行政复议机关要确定至少两名工作人员作为案件承办人员,可以一名主办,一名协办。承办人员确定后,应当立即告知复议申请人或者律师。虽然《行政复议法》没有复议承办人员回避的相关规定,但是在实务中申请人或者律师可以参照民事诉讼法有关回避的规定,申请复议承办人员回避。

2.向被申请人送达复议申请书副本,并要求其进行答复

行政复议机关应当在决定受理之日起七日内,将复议申请书副本送达被申请人。被申请人在收到复议申请书副本之日起十日内提交当初作出行政行为的证据、依据和其他有关材料,并提出书面答复。实务中律师要充分行使查阅相关资料的权利,注意被申请人的答复期限,在被申请人提交答复书后及时申请查阅相关资料,了解案件基本情况,掌握证据资料,以便决定是否需要申请听证,是否需要对事实和证据进行质证、辩论。

3.决定是否停止原行政行为执行

《行政复议法》第二十一条规定复议期间原行政行为原则上不停止执行,但也规定了四种例外情形,即被申请人认为需要停止执行的;行政复议机关认为需要停止执行的;申请人申请停止执行且复议机关决定停止执行的;法律规定停止执行的。实务中律师要出于最有利于委托人权益考量,及时作出判断是否申请停止执行原行政行为,特别是涉及委托人人身自由或者重大财产处置的,如拘留、强拆房屋等。

（四）行政复议调查、听证

行政复议机关调查主要围绕查清事实情况,构建证据和事实一一对应的逻辑框架。《行政复议法实施条例》第三十四条规定,在调查过程中,应当遵循以下几个方面要求:一是必须由两名以上案件承办人员负责;二是调查全过程必须合法合规,切忌暴力调查、违法取证;三是调查必须客观全面,复议承办人员应当深入细致地开展调查,尊重客观事实,避免先入为主,必要时应当亲自

询问申请人或者第三人基本事实情况,主动核实相关证据材料;四是调查必须重视做好证据的固定和保存,对于在调查中收集的证据材料,应当采取符合程序规范的措施和方法,加以固定保管;五是现场勘验所用时间不计入行政复议审理期限。

复议机关进行调查取证的目的是还原行政行为作出时的事实,而不是为了对原行政行为事实重新认定或对证据再次补强,不得违背作出行政行为"先取证,后裁决"的原则,更不能包庇被申请人。实务中律师要严格区分哪些是被申请人提交的事实证据,哪些是复议机关调查取证的,以便行使监督权利。

行政复议听证作为复议机关听取申请人、被申请人和第三人意见的一种方式,有利于复议机关自觉接受公众监督、更好查明案情、正确适用法律法规,真正保障申请人合法权益。《行政复议法实施条例》第三十三条规定了复议听证审理的适用范围:一是复议当事人提出听证要求,并由复议机关审查同意;二是复议机关认为有必要时。

实务中律师要重点掌握可以适用听证的几种案件类型,如《浙江省行政复议听证规则(试行)》第五条规定了七类原则上要组织听证的案件:"(一)社会影响较大的;(二)对本区域行政执法活动可能产生重大影响的;(三)案件情况复杂的;(四)案件主要事实存在重大争议的;(五)案件适用依据存在重大争议的;(六)听证审理有利于和解、调解的;(七)适宜采取听证方式审理的其他案件。有前款第(三)、(四)、(五)项情形之一的案件,申请人要求听证的,应当组织听证。"同时,律师还要注意除了涉及国家秘密、商业秘密、个人隐私的案件,听证应当公开举行。复议听证最重要的成果是听证笔录,这是作出复议决定的重要依据。律师在参与听证过程中要特别注意监督听证笔录的规范性和完整性,在听证会结束后认真负责地核对笔录记载的争议事项、当事人陈述、举证、质证情况以及法律适用情况。

(五)合法性审查

根据行政复议受案范围的规定,纳入复议审理的行政行为可区分成涉嫌不合法履行职责(作为)和不履行法定职责(不作为)两种类型。复议机关应当遵循"有错必纠"原则,对被申请复议的行政行为进行全面审查。

对于作为类行政行为案件,行政复议机关应当从是否具有行政主体资格、是否符合法定职权、程序是否正当、事实和证据是否清楚充分、法律适用是否准确五个方面进行合法性审查。

1.行政主体资格审查

行政主体是指享有国家行政权,能以自己的名义行使行政权,并能独立承担因此产生的相应法律责任的组织。行政机关是最主要的行政主体,此外依照法定授权而获得行政权的组织,也可以成为行政主体。参照《行政诉讼法》第七十五条规定,被复议的行政行为有实施主体不具有行政主体资格情形的,属于重大且明显违法,应当确认无效。

2.行政职权的审查

行政主体只能在法律、法规、规章授权范围内作出行政行为,滥用职权或者超越职权都是不合法行为。实务中可以从三个方面判断被复议的行政行为是否符合法定职权:一是行政主体是否行使了其他行政主体的职权,例如根据新修订的《土地管理法》,宅基地管理职权已由自然资源部门移交农业农村部门,对宅基地上违法建设行为的查处应当由农业农村部门组织开展,自然资源部门不能再对上述行为进行处罚;二是行政主体行使自身职权是否在法律、法规、规章授权的种类、幅度等范围内,例如某执法机关在法律没有规定可以加重处罚的情况下,超过法定最高数额对违法行为人予以罚款,即构成"超越职权";三是行政主体在明知违法的情况下,基于非正当目的,依然实施法律所禁止的行为,例如具有行政许可权的行政机关作出不予行政许可决定的理由不能成立,且已被人民法院或者复议机关责令重作,却仍以相同理由再次作出不予行政许可决定,即构成"滥用职权"。

3.行政程序的审查

行政主体作出行政行为应当严格依据法律、法规规定的方式和步骤,遗漏必要程序、不按法定程序都是不合法的。实务中律师要注意区分被申请人作出行政行为的程序和取证程序。被申请人取证过程中如果程序违法将导致证据无效,从而对行政行为的合法性和有效性产生影响。

4.事实证据的审查

行政主体作出行政行为应当做到认定事实清楚,证据确凿充分,即认定的事实须有相应证据支撑。复议机关重点审查证据来源是否合法、证据内容是否真实、证明对象与案情是否有关联等。此外,审查执法类案件要求证据形式严格规范,例如调查询问笔录要由被询问人确认并签字盖章,调查取证时间应当在作出行政执法决定前,严格遵照"先取证后裁决"。

5.法律依据的审查

《行政复议法》第七条规定,"公民、法人或者其他组织认为行政机关的具体行政行为所依据的下列规定不合法,在对具体行政行为申请行政复议时,可以一并向行政复议机关提出对该规定的审查申请:(一)国务院部门的规定;(二)县级以上地方各级人民政府及其工作部门的规定;(三)乡、镇人民政府的规定。前款所列规定不含国务院部、委员会规章和地方人民政府规章。规章的审查依照法律、行政法规办理"。根据依法行政原则的要求,行政主体应当正确适用法律、法规、规章及行政规范性文件,一般应当遵循实体从旧从轻、程序从新、效力从高的法律适用规则。切忌发生依据已经失效的或者尚未生效的法律法规作出行政行为等法律适用错误问题。除法律法规和规章以外,规章以下的行政规范性文件也可以作为行政主体实施行政行为的依据。实务中律师如若认为相关行政规范性文件违反上位法,在对行政行为申请复议的同时,可以附带提出对该行政规范性文件相关条款进行合法性审查的复议请求。

对于不履行法定职责案件,行政复议机关通常从以下几个方面审查:一是申请人是否已向有管辖权的被申请人提出过申请,并且被申请人明确予以拒绝或者逾期不予答复;二是申请人所申请的事项是否具有行政实体法上的请求权基础,这种请求权可以是基于法律规定、行政协议、行政允诺;三是申请人所申请的事项应当指向一个具体的、特定的行政行为;四是被申请人对申请人的明确拒绝或者逾期不予答复行为,可能对申请人自身的合法权益造成侵害。

(六)合理性审查

行政复议合理性审查是行政复议和行政诉讼的一个重要区别。合理性审查针对的是行政自由裁量权的行使,主要通过以下几个方面进行审查。

一是行政主体作出的行政行为是否有合理充分的理由,是否与法律、法规、规章以及规范性文件的基本精神、目标相一致。

二是行政主体作出的行政行为是否遵循比例原则,是否将对行政相对人造成的损害控制在最低限度,行政目的所获得的利益是否大于行政相对人所造成的损害。

三是行政主体作出的行政行为是否遵循公平公正原则,是否存在偏袒一方打压一方的情况,是否存在显失公平情况。

(七)行政复议调解

用调解手段化解行政争议,可以在争议各方之间建立良好的协作与配合关系,切实做到止争定纷,达到"案结事了"的效果。行政复议调解是复议机关遵循合法、自愿原则,主持各方当事人进行调解和协商,妥善处置行政争议的过程。在现实中有些案件仅仅作出维持或撤销决定并不能使问题得到最终的解决,作为复议机关掌握着比被申请人更多的行政资源,有能力有责任妥善解决行政管理中的难点堵点问题,例如土地权属争议和征地拆迁案件,往往法律关系错综复杂,涉及众多行政相对人的利益,如果只是简单地作出维持或者撤销的决定,有时容易激化矛盾引发社会负面影响,严重的有可能引发群体信访。

《行政复议法实施条例》第四十条规定:"公民、法人或者其他组织对行政机关行使法律、法规规定的自由裁量权作出的行政行为不服申请行政复议,申请人与被申请人在行政复议决定作出前自愿达成和解的,应当向行政复议机构提交书面和解协议;和解内容不损害社会公共利益和他人合法权益的,行政复议机构应当准许。"第五十条规定了适用调解的案件类型:一是公民、法人或者其他组织对行政机关行使法律、法规规定的自由裁量权作出的具体行政行为不服申请行政复议的;二是当事人之间的行政赔偿或者行政补偿纠纷。实操中律师应引导委托人灵活应用复议和解、复议调解制度,合理维权,积极争取互利共赢。同时,律师需明确两项制度的适用范围,复议和解适用的范围为法律法规规定自由裁量权作出的行政行为,复议调解适用的范围为法律法规规定自由裁量权作出的行政行为、行政赔偿和行政补偿。

二、要点提示

在本节中我们重点围绕行政复议审理流程,帮助律师直观地了解行政复议机关在办理复议案件中的"规定动作"。

（一）把握行政复议受理要件

第一，行政复议申请符合复议申请条件；

第二，提起行政复议申请未超出法定期限以及如果超出应有正当理由；

第三，申请行政复议前未提起行政诉讼；

第四，不存在重复申请。

●●●●●●● 法条链接

《行政复议法实施条例》第二十八条

行政复议申请符合下列规定的，应当予以受理：

（一）有明确的申请人和符合规定的被申请人；

（二）申请人与具体行政行为有利害关系；

（三）有具体的行政复议请求和理由；

（四）在法定申请期限内提出；

（五）属于行政复议法规定的行政复议范围；

（六）属于收到行政复议申请的行政复议机构的职责范围；

（七）其他行政复议机关尚未受理同一行政复议申请，人民法院尚未受理同一主体就同一事实提起的行政诉讼。

（二）明确行政复议听证和调解的适用情形

行政复议听证适用于复议当事人提出听证要求，并由复议机关审查同意，或者复议机关认为有必要时。而行政复议调解则适用于行政机关行使自由裁量权作出的行政行为案件，或者行政赔偿、行政补偿争议案件。

●●●●●●●●　**法条链接**

《行政复议法实施条例》

第三十三条　行政复议机构认为必要时,可以实地调查核实证据;对重大、复杂的案件,申请人提出要求或者行政复议机构认为必要时,可以采取听证的方式审理。

第五十条　有下列情形之一的,行政复议机关可以按照自愿、合法的原则进行调解:

(一)公民、法人或者其他组织对行政机关行使法律、法规规定的自由裁量权作出的具体行政行为不服申请行政复议的;

(二)当事人之间的行政赔偿或者行政补偿纠纷。

当事人经调解达成协议的,行政复议机关应当制作行政复议调解书。调解书应当载明行政复议请求、事实、理由和调解结果,并加盖行政复议机关印章。行政复议调解书经双方当事人签字,即具有法律效力。

调解未达成协议或者调解书生效前一方反悔的,行政复议机关应当及时作出行政复议决定。

(三)在合法性审查基础上,兼顾合理性审查

行政行为合法性审查,即从行政主体是否合法、是否符合法定职权、程序是否正当、事实和证据是否清楚充分、法律适用是否正确等五个方面进行审查。合理性审查重点在于审查行政自由裁量权的行使,审查其是否有合理充分的理由、是否遵循比例原则、是否遵循公平公正原则等。

●●●●●●●●　**法条链接**

《行政复议法》第三条第一款

依照本法履行行政复议职责的行政机关是行政复议机关。行政复议机关负责法制工作的机构具体办理行政复议事项,履行下列职责:

……

(三)审查申请行政复议的具体行政行为是否合法与适当,拟订行政复议决定;

……

三、法律文书

(一)行政复议受理通知书

行政复议受理通知书

××复〔××××〕××号

×××(申请人姓名或单位名称):

你(你们或你单位)不服被申请人×××(被申请人名称)作出的××××具体行政行为[或者:请求责令×××(被申请人名称)履行××××法定职责],于××××年××月××日向本机关提出的行政复议申请材料已经收悉。经初步审查,该行政复议申请基本符合《中华人民共和国行政复议法》和《中华人民共和国行政复议法实施条例》的有关规定,本机关决定予以受理。现将有关事项告知如下:

一、你(你们或你单位)有权在接到本通知书之日起十五日后至二十五日期间来本机关查阅被申请人提出的书面答复和作出具体行政行为的证据、依据及其他有关材料(涉及国家秘密、商业秘密或者个人隐私的除外)。查阅后提供补充意见的,应于查阅后三日内提供;逾期无正当理由不查阅或不提供补充意见的,视为放弃查阅或提供补充意见的权利。

二、委托代理人(一至二名)代为复议的,须提供你(你们或你单位)本人签名(或加盖单位公章)的载明委托事项、权限和期限的授权委托书及复议代理人的身份证复印件。复议代理人是律师的,应提供其所在律师事务所出具的公函和律师本人的律师执业证书。

特此通知。

××××年××月××日

(二)行政复议不予受理决定书

行政复议不予受理决定书

×× 复〔× × × ×〕× × 号

×××(申请人姓名或单位名称):

你(你们或你单位)不服被申请人×××(被申请人名称)作出的×××× 行为[或者:请求责令×××(被申请人名称)履行××××法定职责],于× × × ×年× ×月× ×日向本机关申请行政复议。经审查,本机关认为× × ×(此处阐述不予受理的理由)。根据《中华人民共和国行政复议法》第十七条第一款的规定,本机关决定不予受理。

(若需告知诉权的,告知内容为:如不服本决定,可以自收到本决定书之日起十五日内,依法向人民法院提起行政诉讼)

× × × ×年× ×月× ×日

(三)行政复议调解协议书

行政复议调解协议书

×××(申请人姓名或名称)不服被申请人×××(被申请人名称)作出的××××具体行政行为[或者:请求责令×××(被申请人名称)履行× ×× ×法定职责]申请行政复议一案,经× × × ×(复议机关名称)主持调解,双方自愿达成以下协议:

一、×××(被申请人名称)自行将作出的×××××具体行政行为内容变更为×××××。

二、×××(被申请人名称)给予×××(申请人姓名或名称)行政赔偿(行政补偿)×××××元。

三、×××(申请人姓名或名称)自愿撤回行政复议申请。

(以上内容,根据具体协议确定)

本协议一式×份,经双方签字或盖章后生效,双方各执×份,复议机关案卷存档一份。

申请人签名或盖章(或特别授权委托代理人签名或盖章):

被申请人盖章(或法定代表人、特别授权委托代理人签名或盖章):

×××××年××月××日

第三节 复议维持、改变情形与复议决定类型

一、基本内容

行政复议案件经过审理之后,复议机关应当根据调查审理情况依法作出复议决定。律师要以行政行为的法定职权、事实认定、法律适用、法定程序、内容合理五方面作为考察对象,指导当事人或者行政复议机关依法确定复议申请和决定的类型。

(一)复议维持情形下的复议决定

《行政复议法》第二十八条第一款规定,具体行政行为认定事实清楚,证据确凿,适用依据正确,程序合法,内容适当的,决定维持。同时,根据《行诉解

释》第二十二条的规定,复议机关改变原行政行为所认定的主要事实和证据、改变原行政行为所适用的规范依据,但未改变原行政行为处理结果的,视为复议机关维持原行政行为。

实务中,复议维持情形下的复议决定类型包括:完全的维持决定、因违反法定程序的确认违法决定、因被申请人已履职或者不具有相应法定职责的驳回复议申请决定、未改变原行政行为处理结果的变更决定。

1.完全的维持决定

行政复议机关经过审查,认为被申请的行政行为认定事实清楚、证据确凿,适用依据正确,程序合法,内容适当的,作出维持被申请人原行政行为的复议决定。作出完全的维持决定应同时符合以下四项条件:一是行政行为事实清楚、证据确凿。被申请人提供的证据材料真实可靠,并足以证明被申请人作出行政行为所证实的事实存在。二是适用依据正确。被申请人作出的行政行为是符合法律、法规、规章及行政规范性文件等规定。三是符合法定程序。被申请人应当依照法定的步骤,以法定的方式和形式,在法定的期限内作出行政行为。四是内容适当。被申请人作出的行政行为不仅合法而且合理,符合公平公正的要求。

2.因违反法定程序的确认违法决定

被申请人的行政行为事实清楚、证据确凿,适用依据正确,内容适当,但存在超过法定期限,因该种违法情形未侵害相对人的听证、陈述申辩等重要行政程序权利,没有撤销原行政行为的必要性,复议机关在不改变原行政行为处理结果的情况下,应当作出确认违法的复议决定。

3.因被申请人已履职或者不具有相应法定职责的驳回复议申请决定

适用于履职案件中,被申请人已经在复议受理前履行了法定职责,或者被申请人不具有申请人请求事项所对应的法定职责的两种情形。

4.未改变原行政行为处理结果的变更决定

行政复议机关经过审查,虽然对被申请人原行政行为所认定的实施、证据、规范依据作出调整或者改变,但未改变原行政行为最终的处理结论,同样视为复议维持情形。

（二）复议改变情形下的复议决定

根据《行政复议法》第二十八条第一款第二项、第三项,被申请人不履行法定职责的,决定其在一定期限内履行;行政行为有下列情形之一的,决定撤销、变更或者确认该行政行为违法;决定撤销或者确认该行政行为违法的,可以责令被申请人在一定期限内重新作出行政行为:①主要事实不清、证据不足的;②适用依据错误的;③违反法定程序的;④超越或者滥用职权的;⑤行政行为明显不当的。

复议改变情形下的复议决定类型包括:确认无效决定、撤销决定、改变原行政行为处理结果的变更决定、除违反法定程序外的确认违法决定、责令履职决定及因不符合复议申请条件的驳回复议申请决定。

1.确认无效决定

《行政复议法》及其实施条例虽没有明文列举确认无效的复议决定类型,但实务中,行政复议机关对于存在被申请人无行政主体资格或者原行政行为没有法律依据等重大且明显违法的情况,可以参照《行政诉讼法》的规定作出确认原行政行为无效的复议决定。确认无效系对原行政行为最严厉的一种纠错结论,根本性否定其效力及合法性,复议机关在实践中应审慎适用。

2.撤销决定

这是指行政复议机关经过审查,认为原行政行为在行政职权、事实认定、法律适用、行政程序上存在违法或缺乏合理性而作出的撤销原行政行为的决定。实务中,行政复议机关首先审查是否存在超越职权、事实不清、证据不足的情况,如存在该等情况,经办人员无需考虑其程序是否合法而可以直接作出撤销决定。如果符合法定职权、事实清楚、证据确实充分则需要进行下一步审查,即是否遵循了法定程序。原行政行为存在前述要件违法或者不当情形,且实际损害了复议申请人自身的合法权益,行政复议机关应予撤销。

3.改变原行政行为处理结果的变更决定

这是指复议机关经过全面审查认为行政行为的处理结论存在错误或违法,按照复议申请人的申请,或者行使自身职权全部或者部分改变原行政行为处理结果的决定。该种变更决定能够节约行政成本、提高行政效率,其适用应符合两个条件:一是原行政行为处理结果存在违法或不当;二是有相应行政行为存在的必要。

4.除违反法定程序外的确认违法决定

原行政行为程序合法,但存在事实不清、证据不足,适用依据错误,内容明显不当任一情形的,复议机关本应作出撤销或者变更决定。但当存在无法撤销重作的客观情况,或者没有撤销必要的,复议机关则应当确认违法,这是复议机关对原行政行为合法性的一种否定性评价。

5.责令履职决定

被申请人不履行或者拖延履行法律、法规和规章规定的职责,复议机关应当作出责令其在一定期限内履行职责的决定。责令履职决定的适用应符合三个条件:一是被申请人负有法定职责,该法定职责是法律、法规或者规章明文规定的,或者是履行明文规定的职责所必不可少的;二是被申请人有不履行或拖延履行法定职责的事实;三是被申请人履行该法定职责具有现实意义。

6.因不符合行政复议受理条件的驳回复议申请决定

适用于行政复议机关受理行政复议申请后,或者经过审理后,认为复议申请不符合《行政复议法》及其实施条例规定的受理条件的。该种类型的复议决定否定了申请人获得行政复议制度救济的机会,在实务中应谨慎运用。

二、要点提示

(一)明确复议维持情形下的四类复议决定

一是完全的维持决定;二是因违反法定程序的确认违法决定;三是因被申请人已履职或者不具有相应法定职责的驳回复议申请决定;四是未改变原行政行为处理结果的变更决定。

•••••••• 法条链接

《最高人民法院关于适用〈中华人民共和国行政诉讼法〉的解释》第一百三十三条

行政诉讼法第二十六条第二款规定的"复议机关决定维持原行政行为",包括复议机关驳回复议申请或者复议请求的情形,但以复议申请不符合受理条件为由驳回的除外。

(二)掌握复议改变情形下的六类复议决定

一是确认无效决定;二是撤销决定;三是改变原行政行为处理结果的变更决定;四是除违反法定程序外的确认违法决定;五是责令履职决定;六是因不符合复议申请条件的驳回复议申请决定。

●●●●●●●　**法条链接**

《最高人民法院关于适用〈中华人民共和国行政诉讼法〉的解释》第二十二条

《行政诉讼法》第二十六条第二款规定的"复议机关改变原行政行为",是指复议机关改变原行政行为的处理结果。复议机关改变原行政行为所认定的主要事实和证据、改变原行政行为所适用的规范依据,但未改变原行政行为处理结果的,视为复议机关维持原行政行为。

复议机关确认原行政行为无效,属于改变原行政行为。

复议机关确认原行政行为违法,属于改变原行政行为,但复议机关以违反法定程序为由确认原行政行为违法的除外。

三、法律文书

●●●●●●●

行政复议决定书

××复〔××××〕××号

(A)申请人:姓名,性别,民族,出生年月

住址:××××

(B)申请人:×××等××位申请人(身份情况详见附件)

代表人:姓名,性别,民族,出生年月

住址:××××

（C）申请人：单位名称

住所：××××

法定代表人：姓名，职务

（A）委托代理人：姓名，性别，民族，出生年月

住址：××××

（B）委托代理人：姓名，工作单位及职务

（C）委托代理人：姓名，××××律师事务所律师

被申请人：单位名称

住所：××××

法定代表人：姓名，职务

（以上内容，根据具体情况选择适用。若有第三人则写上第三人的相应情况）

申请人×××不服被申请人×××（被申请人名称）作出的××××具体行政行为［或者：请求责令×××（被申请人名称）履行××××法定职责］，于××××年××月××日向本机关申请行政复议，（若经过补正则在此表述：因行政复议申请材料不齐全或者表述不清楚，申请人于××××年××月××日进行了补正）本机关予以受理并进行了审理。（经中止的则在此表述：行政复议期间，因存在《中华人民共和国行政复议法》第二十六条、第二十七条或《中华人民共和国行政复议法实施条例》第四十一条第一款第×项规定的情形，本机关于××××年××月××日中止行政复议。行政复议中止原因消除后，本机关于××××年××月××日恢复本案的审理）本案现已审理终结。

申请人称：××××（此处阐述申请人的行政复议请求及事实、理由，根据行政复议申请书归纳整理）。

申请人提交的证据及拟证明的内容：××××。

被申请人答复称：××××（作出具体行政行为的事实、理由和依据，或者不构成行政不作为的事实、理由和依据，根据行政答复书归纳整理）。

被申请人提交的证据及拟证明的内容：××××。

第三人陈述称：××××（对有关具体行政行为事实、理由和依据的意见，根据陈述材料归纳整理）。

第三人提交的证据及拟证明的内容：××××。

　　经审理（并经核查），本机关查明以下事实：××××（对被申请人作出具体行政行为的事实和程序、适用的依据、所作的具体行政行为内容，以及申请人提出的有关事实进行客观叙述；申请人请求被申请人履行法定职责及被申请人是否具有相应法定职责、履行法定职责有关事实和程序、适用的依据进行客观叙述）。

　　以上事实，有××××（列出具体采信的证据名称）等证据证明或者在查明事实部分前面对当事人提交的证据材料采信与否逐一进行认证。

　　本机关认为：××××（对被申请人作出的具体行政行为认定事实是否清楚、证据是否确凿、适用依据是否正确、程序是否合法、内容是否适当加以评判；对被申请人是否构成不履行法定职责加以评判；对被申请人是否在规定期限内提出书面答复、提交当初作出具体行政行为的证据、依据和其他有关材料加以评判；对该行政复议申请是否符合受理条件加以评判。评判内容要求说理充分、翔实，有针对性和说服力）。

　　综上，根据《中华人民共和国行政复议法》第二十八条第一款第×项、第二款，第二十九条第一款、第二款，《中华人民共和国行政复议法实施条例》第四十三条，第四十四条，第四十五条，第四十六条，第四十七条，第四十八条第一款第×项、第二款的规定，决定如下：

　　一、维持被申请人作出的××××具体行政行为。

　　二、责令被申请人在××日内履行××××的法定职责。

　　三、撤销被申请人作出的××××具体行政行为。

　　四、撤销被申请人作出的××××具体行政行为，责令被申请人在××日内重新作出处理（被申请人不得以同一事实和理由作出与原具体行政行为相同或者基本相同的具体行政行为）。

　　五、确认被申请人作出的××××具体行政行为违法。

　　六、确认被申请人作出的××××具体行政行为违法，责令被申请人在××日内重新作出处理（被申请人不得以同一事实和理由作出与原具体行政行为相同或者基本相同的具体行政行为）。

　　七、对被申请人作出的××××具体行政行为变更为××××。

　　八、撤销被申请人作出的××××具体行政行为（确认被申请人所作的××××具体行政行为违法；被申请人作出的××××具体行政行为变更为××××）；责令被申请人返还对申请人的××××（集资款；没收的财物;征收的财物;摊派费用)(解除对申请人财产的查封、扣押、冻结措施,或者依法赔偿相应的价款)。

九、驳回申请人的行政复议申请。

(以上法律、法规依据及决定内容的适用,根据具体情况确定)

如不服本决定,可以自收到行政复议决定书之日起十五日内,依法向人民法院提起行政诉讼。

×××年××月××日

第四节 实训演练

一、基本案情

某市金属材料有限公司(以下简称钢材公司)登记注册地位于某市甲区。2017年8月,某市公安局以涉嫌虚开增值税专用发票为由对钢材公司立案审查。2019年11月,某市中级人民法院作出《刑事判决书》,对钢材公司涉嫌虚开增值税专用发票案认定为自然人犯罪,对法定代表人郑某判处有期徒刑并处罚金,追缴违法所得。该刑事判决已经生效,郑某被投送监狱关押执行刑期。

2021年7月30日,某市税务稽查局(以下简称稽查局)对钢材公司另行作出《税务行政处罚决定书》,认定钢材公司2015年1月至2017年8月期间在没有发生实际货物交易情况下向73家企业开具增值税专用发票321份,合计金额25030751.80元,税额4255227.72元,并从中收取开票手续费882538.04元。根据《发票管理法》第二十二条,认定钢材公司构成虚开行为,决定没收该公司违法所得882538.04元。

　　钢材公司不服该税务行政处罚,委托律师向某省税务局申请行政复议,请求撤销稽查局作出的《税务行政处罚决定书》。律师代理本案后,向某省税务局书面递交了行政复议申请书及证据,查阅被申请人的答复材料,获悉稽查局作出的《税务行政处罚决定书》经过了重大税务案件审理程序,行政程序中曾将审理案卷移送原某市税务局案件审理委员会进行审理。在前期税务稽查检查阶段,稽查局曾以案件疑难、复杂为由审批延期多达 38 次。

　　2021 年 9 月 6 日,在行政复议审理过程中,律师经钢材公司授权同意,向复议机关书面提交了《行政复议听证申请书》,请求复议机关对钢材公司税务行政处罚行政复议案件依法举行听证审理。

　　2021 年 9 月 30 日,某省税务局举行听证会,召集钢材公司与律师、被申请人工作人员与分管负责人就双方证据、意见进行质证辩论,使得钢材公司诉求得以充分发表,案件事实与法律适用问题基本查清。

　　2021 年 10 月 29 日,稽查局作出《税务事项通知书》,决定自行撤销对钢材公司作出的《税务行政处罚决定书》,并将已经没收的违法所得 882538.04 元依法退回。本案经过行政复议听证审理,最终达到委托人的实质诉求。

二、思考问题

　　(1)听证是否属于行政复议审理的必经程序?

　　(2)本案律师向复议机关申请听证审理,哪些理由能够说服复议机关开展听证?

案例解析

第七章

行政复议和
行政诉讼衔接

　　作为行政法上两个基本的救济程序,行政复议与行政诉讼在行政相对人、利害关系人维护自身合法权益方面发挥十分重要的作用。从现行法律、法规看,行政相对人、利害关系人在救济程序的选择上,实行当事人自主选择为原则,行政复议前置为例外。复议申请人对行政复议结果不服的情形下,是否可以选择行政诉讼进行救济、如何进行救济是本章讨论的问题。行政复议和行政诉讼衔接中涉及原行政行为、行政复议两个行为,针对不同的行政复议结果,有不同的处理方式。律师接受委托后,应根据行政复议结果进行可诉性识别并做好诉讼准备,把握行政起诉状中诉讼请求的撰写要点,更好地完成代理工作。

第一节　对行政复议结果不服的处理

一、基本内容

　　一般情况下,对属于人民法院受案范围的行政案件,公民、法人或者其他组织可以先向行政机关申请复议,对复议决定不服的,再向人民法院提起诉讼;法律、法规规定应当先向行政机关申请复议,对复议决定不服再向人民法院提起诉讼的,依照法律、法规的规定,即"当事人自主选择为主,复议前置为例外"。在此原则的指导下,律师在办理经复议后诉讼的案件中,还应当厘清行政复议结果的类型,并根据不同的行政复议结果类型作相应的处理。

(一)行政复议的几种结果

根据《行政复议法》等相关规定,申请人向行政复议机关申请行政复议,经审查后,主要形成以下几种行政复议结果。

1.复议维持决定

具体而言,复议维持决定情形包含:①复议机关完全维持原行政行为;②复议机关改变原行政行为所认定的主要事实、证据、原行政行为所适用的法律、法规及其他规范性文件,但未改变原行政行为实体处理结果;③以违反法定程序为由确认原行政行为违法;④申请履职案件中以被申请人已经履职或者不具有相应的法定职责为由驳回复议申请。

2.复议改变决定

具体而言,复议改变决定包含:①经复议机关审查,认为存在被申请人无行政主体资格或者原行政行为没有法律依据等重大且明显违法的情况,确认原行政行为无效的决定;②经复议机关审查,认为原行政行为违法或不合理,撤销原行政行为决定;③经复议机关审查,认为行政行为的处理结论部分内容存在错误或违法,依据复议申请人的申请,或者行使自身职权全部或者部分改变原行政行为处理结果的决定;④因除违反法定程序之外的原因,确认原行政行为违法的决定;⑤经复议机关审查,认为被申请人不履行或者拖延履行法定职责,责令被申请人在一定期限内履职的决定;⑥以不符合行政复议受理条件为由驳回复议申请的决定。

3.其他结果

具体而言,其他结果包含:①申请人向行政复议机关申请行政复议,经审查,复议机关决定不予受理行政复议申请;②申请人向行政复议机关申请行政复议,行政复议机关超过法定期限未作行政复议决定;③行政复议决定作出前,申请人要求撤回行政复议申请,行政复议终止。

(二)不服行政复议结果的处理

1.复议终局

一般情况下,公民、法人和其他组织对行政复议决定不服的,可以依照《行政诉讼法》的规定向人民法院提起行政诉讼,但是法律规定行政复议决定为最终裁决的除外,即"复议终局"。复议终局的情形主要有:

(1)国务院依照行政复议法规定作出的行政复议决定为最终裁决。

(2)根据国务院或者省、自治区、直辖市人民政府对行政区划的勘定、调整或者征收土地的决定,省、自治区、直辖市人民政府确认土地、矿藏、水流、森林、山岭、草原、荒地、滩涂、海域等自然资源的所有权或者使用权的行政复议决定为最终裁决。

2.准备提起行政诉讼的处理

第一,复议维持决定的。

复议申请人(原告)不服维持原行政行为的行政复议决定的,原行政行为与行政复议决定均为被诉行为载体,应当以作出原行政行为的行政机关和复议机关为共同被告,即"复议维持共同告"。

在行政诉讼过程中,复议申请人(原告)只起诉作出原行政行为的行政机关,或者只起诉行政复议机关的,受诉法院应当告知复议申请人(原告)追加被告。复议申请人(原告)不同意追加的,受诉法院应当依职权追加另一机关为共同被告。

值得注意的是,行政复议决定复议既有维持原行政行为的内容,又有改变原行政行为的内容或者不予受理复议申请的内容的,复议申请人(原告)亦应当以作出原行政行为的行政机关和复议机关为共同被告。

第二,复议改变决定的。

复议申请人(原告)不服改变原行政行为的行政复议决定的,行政复议决定为被诉行为载体,应当以复议机关为被告,即"复议改变单独告"。行政复议机关是作出原行政行为的行政机关的上级主管机关或者同级人民政府,其经复议审查后作出改变原行政行为的复议决定,其本质是作出一个新的行政行为,原行政行为的效力丧失,复议申请人(原告)应当以行政复议机关为被告,提起行政诉讼。

第三,不予受理决定或者超期未作决定的。

复议申请人(原告)申请行政复议后,经复议机关审查,依法作出不予受理的行政复议决定,复议申请人(原告)不服该决定时,应当以复议机关为被告。但法律、法规未规定行政复议前置的情形下,复议申请人(原告)也可以选择就原行政行为提起行政诉讼,以作出原行政行为的行政机关为被告。

复议申请人(原告)申请行政复议后,行政复议机关受理后超过法定期限未作出复议决定的,复议申请人(原告)可以进行选择。选择起诉原行政行为的,应当以作出原行政行为的行政机关为被告;选择起诉复议机关不作为的,应当以复议机关为被告,即"复议不作为选择告"。

复议申请人(原告)对行政复议机关的不予受理决定不服的或者行政复议机关受理后超过法定期限不作复议决定的,依法可以向人民法院提起行政诉讼,主要有以下情形:

(1)法律、法规未规定行政复议程序前置的案件,复议申请人(原告)可以依法就不予受理决定或者超过法定期限不作复议决定的行为提起行政诉讼,也可以依法就原具体行政行为提起行政诉讼。

(2)法律、法规规定复议前置的案件,复议申请人(原告)可以依法就不予受理决定或者超过法定期限未作复议决定的行为提起行政诉讼,不能就原具体行政行为提起行政诉讼。

(3)在复议终局的情形下,复议申请人(原告)就不予受理决定或超过法定期限未作复议决定的行为提起行政诉讼的,人民法院可以受理并进行审查。

第四,撤回复议申请。

在行政复议决定作出前,复议申请人要求撤回行政复议申请并说明理由,可以撤回,行政复议终止,行政复议机关作出终止行政复议决定书,复议申请人(原告)仅可以对原行政行为提起行政诉讼,以作出原行政行为的行政机关为被告。在此情形下,如法律、法规未规定行政复议程序前置的案件,复议申请人(原告)可以就原具体行政行为提起行政诉讼;法律、法规规定行政复议程序前置的案件,复议终止导致该案件未经过必需的复议程序,也没有法定的复议决定,复议申请人就原具体行政行为提起行政诉讼的,人民法院应裁定不予立案或驳回起诉。

在"不服行政复议结果处理"过程中,律师应当对行政复议结果进行识别,主要包括行政复议结果类型、具体的决定类型。在此基础上，按照相关法律法规确定被诉行为载体、被告、起诉期限、管辖法院，并制定相应的诉讼策略。

二、要点提示

(一)注意复议前置的情形

公民、法人或者其他组织对行政复议与行政诉讼程序的选择原则是"当事人自主选择为主，复议前置为例外"。律师在办理案件过程中应注意复议前置案件的特殊处理，尤其是"不予受理决定或者超期未作决定""撤回复议申请"案件。

●●●●●●●●　**法条链接**

《行政诉讼法》第四十四条

对属于人民法院受案范围的行政案件，公民、法人或者其他组织可以先向行政机关申请复议，对复议决定不服的，再向人民法院提起诉讼；也可以直接向人民法院提起诉讼。

法律、法规规定应当先向行政机关申请复议，对复议决定不服再向人民法院提起诉讼的，依照法律、法规的规定。

(二)准确处理复议前置案件中不予受理决定或者逾期未作决定情形

复议前置案件中，复议机关不予受理或者逾期未作出复议决定，复议申请人(原告)直接起诉原行政行为的，人民法院应当裁定不予立案。在该类案件的办理中，律师应当准确识别并在行政诉讼中选择正确的被诉行为载体。

● ● ● ● ● ● ● **法条链接**

《最高人民法院第一巡回法庭关于行政审判法律适用若干问题的会议纪要》(2018 年 7 月 23 日)

11.复议前置案件,复议机关不受理或逾期未作出复议决定,当事人直接起诉原行政行为的,人民法院是否应当立案?

答:复议前置案件中,复议机关不予受理或者逾期不作出复议决定的,当事人只能对复议机关的不受理行为或者不履行行政复议法定职责行为提起行政诉讼,直接起诉原行政行为的,不符合法定起诉条件,人民法院应当裁定不予立案。

(三)及时处理复议终局案件中不予受理决定或者超期未作决定的情形

复议终局案件中,复议申请人(原告)仍可以就不予受理决定或者行政机关超出法定期限未作出行政复议决定的行为提起行政诉讼。律师在该类案件的办理中,应当对复议终局情形下的不予受理决定或者超期未作决定的行政复议结果提起行政诉讼,以监督行政复议机关履行复议职责,进行实体审查,保障复议申请人(原告)的合法权益。

第二节 复议后的诉讼准备

一、基本内容

因行政复议与行政诉讼程序衔接过程中,存在原行政行为和行政复议行为、作出原行政行为行政机关与行政复议机关并涉的情形,案件材料多且复杂。因此,律师在案件办理过程中,应当充分、科学地进行诉讼准备,把握案件情况、找准法律依据、实体与程序相结合、对案件进行详细分析,使行政复议与行政诉讼的衔接更加顺畅。

(一)案卷材料收集与分析

针对经复议后拟提起行政诉讼的案件,律师应当收集并掌握如下案件材料:原行政行为的载体;复议申请书及证据材料、行政机关答辩材料及证据材料;行政复议机关组织听证材料(如有);行政复议机关送达的补正、立案、延期、行政复议决定等材料以及在行政复议期间获取的其他线索材料。

在掌握前述案卷材料后,律师应当根据案件材料、结合法律法规,按照以下要点进行分析。

1.分析原行政行为的合法性和合理性

(1)明确原行政行为的类型、性质,判断其是否属于复议终局的情形;

(2)明确原行政行为的所属领域,缩小法律适用的范围,并进行案例检索;

(3)根据法律法规、案例检索情况,结合行政机关作出原行政行为的证据、依据,判断原行政行为在实体与程序上存在的问题;

(4)在前述分析的基础上,如需要获取行政机关未在行政复议阶段提交的相关证据、线索的,可以通过政府信息公开申请等渠道获取。

2.分析行政复议决定的合法性和合理性

(1)明确行政复议结果的类型,根据不同的类型确定被告及管辖法院;

(2)对行政复议决定书载明的内容进行分析,包括证据采纳及理由、事实认定、复议机关观点等,找出实体处理中存在的问题;

(3)根据行政复议相关程序、文书送达的情况,分析是否存在程序上的瑕疵。

3.准备《法律意见书》

在对案件材料分析后,归纳总结案件的诉讼策略、适用法律、案例裁判要点等,及时形成《法律意见书》,并向委托人进行详细阐释,统一观点,使当事人建立合理预期。需要注意的是,《法律意见书》的格式无统一要求,亦不必须提供给委托人。制作《法律意见书》的目的是在办案过程中,律师可以以《法律意见书》为基础,根据案件进展与实际情况不断补充,达到较好的代理效果。

(二)起诉材料拟定

在经过细致、详尽的案件材料分析后,律师应拟定行政诉讼相关的法律文书。一般而言,经复议后的案件在拟定行政起诉状应包括的要素与常规的行政起诉状相差无几。但复议申请人(原告)以作出原行政行为的行政机关与复议机关为共同被告的情形下,行政起诉状的拟定有所不同。

1.明确被告顺序

一般情况下,被告一为作出原行政行为的行政机关,被告二为行政复议机关。行政起诉状中应包含被告名称、住所地、法定代表人及职务。

2.明晰诉讼请求

诉讼请求第一项针对行政复议决定,可以表述为"请求撤销被告二作出的行政复议决定书";诉讼请求第二项针对原行政行为,可以表述为"请求撤销被告一作出的×××行政行为""请求确认被告一作出的×××行政行为违法""请求判令被告一履行×××法定职责";诉讼请求第三项针对案件受理费,可以表述为"请求判令本案的案件受理费由被告一、被告二承担"。

3.准备相关证据

与民事诉讼、刑事诉讼不同,行政诉讼的证明责任分配的基本原则是被告对其作出的行政行为的合法性负有举证责任。当然,复议申请人(原告)可以提供证明行政行为违法的证据,但复议申请人(原告)所提供的证据无法达到证明目的的,不免除被告的举证责任。值得注意的是,在复议申请人(原告)起诉复议机关在法定期限未作行政复议决定的案件中,应当提供其提出申请的证据;在涉及行政赔偿、补偿的案件中,复议申请人(原告)应当对行政行为造成的损害进行证明,因被告原因导致复议申请人(原告)无法举证的,由被告承担举证责任。基于此,在行政诉讼中,复议申请人(原告)负有较轻的举证责任。

(三)把握起诉期限

复议申请人(原告)不服行政复议机关作出的行政复议决定的,可以在收到行政复议决定之日起十五日内向人民法院提起行政诉讼。行政复议机关超过法定期限未作行政复议决定的,复议申请人(原告)可以在行政复议法定期限届满之日起十五日内向人民法院提起行政诉讼,但法律另有规定的除外。

二、要点提示

(一)根据案情形成《法律意见书》

经复议后拟提起行政诉讼的案件,涉及原具体行政行为与行政复议行为,经历两个程序、涉及复杂的法律适用。因此,律师在阅卷过程中,提炼案件争议点、明确法律适用、整理代理思路、预测案件办理过程中可能出现的问题、整理案例,形成《法律意见书》,并在办案过程中查漏补缺。

(二)引导当事人形成合理预期

阅卷后,律师应当与当事人就案件情况进行沟通,告知当事人案件办理过程中可能出现的问题与风险、告知当事人已经完成的工作与工作成果、告知当事人应当准备或者补充的证据并提供证据原件等。在详细的案件分析基础上,使当事人对案件结果形成合理预期。

第三节　实训演练

一、基本案情

李某居住于某市某区某村,以种植庄稼为生。近十多年,每逢大雨,李某种植的庄稼便因洪水冲淹,造成较大的经济损失。李某认为:区农业农村局负有直接管理水资源的责任,并有组织指导水旱灾害防御工作的职能。其未依法管理地表自然水,致使其种植的庄稼连年遭受洪水侵袭,损失严重。2021年5月6日,李某以区农业农村局构成行政不作为为由向某市某区人民政府申请行政复议。经审查,复议机关于2021年5月10日作出不予受理决定书并于次日送达。李某收到不予受理决定书后,于2021年5月15日向某区人民法院提起行政诉讼,请求法院:第一,确认区农业农村局未尽到管理水资源、组织指导水旱灾害防御工作职责,构成行政不作为;第二,依法确认某区人民政府作出的不予受理决定书违法并予以撤销,责令某区人民政府依法作出行政复议决定;第三,本案件受理费由二被告承担。某区人民法院于 2021 年 5 月 19 日受理此案。

二、思考问题

(1)李某在收到某区人民政府作出的不予受理决定书后,是否可以向人民法院提起行政诉讼? 为什么?

(2)人民法院在受理此案后,应当如何处理? 为什么?

案例解析

第四编

行政赔偿

　　行政赔偿是行政机关及其工作人员在行使行政职权过程中侵犯公民、法人和其他组织的合法权益并造成损害,根据法律规定由国家承担赔偿责任的制度。

　　行政赔偿具有诸多特性:其赔偿的责任主体为国家,侵权主体限定为行政机关及其工作人员,针对的是行政违法行为,从而使其区别于民事赔偿、司法赔偿及行政补偿。

　　惩戒违法行政和维护合法权益是行政赔偿制度的两大目的,即行政赔偿不仅仅是对违法行政行为进行惩戒以规范行政权力的行使,更重要的是填补公民、法人和其他组织的损失,维护其合法权益。

　　作为被侵权人的代理律师,需要清楚地认识行政案件相较于刑事案件及民事案件的特殊性。在行政诉讼中,被侵权人在多数情况下会是弱势的一方,此时代理律师需要下更多的功夫,以更好地为当事人维权;而作为行政机关的代理律师,则不仅仅要考虑如何赢下诉争,更要考虑如何在诉争中尽量将影响降到最低,更好地维护政府的形象。本编将结合法律实践,针对行政赔偿的提起、处理及调解中的律师实务工作进行提炼。

公民、法人和其他组织因行政侵权而受到损害后，有权根据法律规定申请行政赔偿，而判断个案中是否存在行政侵权行为、是否存在"免责事由"以及如何确认赔偿请求人与赔偿义务机关则是行政赔偿提起中律师工作的主要任务。

第一节　行政侵权行为的认定

在律师实务工作中，认定行政行为是否侵权是提起行政赔偿的基础。作为赔偿请求人的代理律师，首先需要分析"行政机关做出了什么行为""该行为的合法性和合理性问题在哪里"以及"行政机关应该承担什么样的责任"这些问题。而作为行政机关的代理律师，则要分析案涉行政行为有否侵权，然后分析行政机关是否具有免责事由，并考虑如何将诉争的影响降到最低，以维护行政机关的形象。

一、基本内容

关于行政侵权是否成立,实务中主要从行政侵权的主体要件、行为要件、归责要件、损害结果要件及侵权行为与损害结果之间是否存在因果关系等方面进行分析。在确认行政行为侵权后,应当着手准备行政赔偿的救济工作。

(一)判断侵权人是否满足行政主体要件

作为一种公法上的侵权行为,行政侵权行为的主体必须是行政机关及其工作人员。因此,律师在收到案件相关材料后,首先就要看其是否满足侵权主体要件。行政侵权主体通常包括以下几种情形。

1.行政机关及其工作人员

行政机关及其工作人员是最常见的行政侵权主体。但要注意的是,并非行政机关和工作人员的任何行为都与行政侵权有关,非行政职务行为或行政机关后勤人员的后勤服务工作一般不属于行政行为,其侵权行为往往由民法等其他部门法调整。

2.法律、法规授权的组织

法律、法规授权的组织履行公务致人损害的,由该组织承担行政赔偿责任。

法律、法规授权组织法律上的地位与行政机关类似,因此其行为侵权的法律后果亦等同于行政机关,该组织自身可作为行政侵权的主体独立承担责任。

3.行政委托机关

实践中,行政委托一般有两种,一种是行政机关内部的委托,另一种则是行政机关把行政职权依法委托给具有公共事务管理职责的组织,无论哪一种委托,受委托机关及其工作人员侵犯他人权益时,其法律后果均由委托机关承担,相关公民、法人或其他组织有权以委托机关为赔偿义务机关申请行政赔偿。

(二)分析行政机关侵权行为的性质和方式

1.行政侵权行为必须是行使行政职权的行为

是否属于行使职权的行为是判断行政侵权的核心,其通常以行政机关工作人员是否在履行法定职务为标准,此外也应结合工作人员履行职务的时间、地点、行为目的等来进行辅助判断。假使行政机关作出的是与其职务和行政身份完全不符的行为,一般不应被认定为是行使职权的行为,也就难以定性为行政侵权行为。

2.侵权方式包括行政作为和行政不作为

行政机关及其工作人员以积极行使职权方式侵权的,属于以作为方式侵权,是最常见的行政侵权形式。行政机关不履行法定职责,致使相对人的合法权益遭受损害,属于不作为侵权。

实务中,最常见的行政不作为是行政程序上的不予答复和迟延履行,即公民、法人或其他组织向行政机关提出申请,行政机关不予答复或者未在法定期限内履行。在代理行政不作为案件时,代理律师应当从四个方面准备:①赔偿请求人是否向行政机关提出过申请,该申请是否符合法定形式和要求;②行政机关是否负有作为义务;③行政机关是否存在不作为行为;④行政机关的不作为是否具有免责事由。

(三)掌握行政侵权归责原则

归责原则是行政赔偿制度的重要组成部分,在我国,行政侵权的归责原则一般为违法性原则,而行政事实行为则采取过错原则。作为行政机关的代理律师,始终要给行政机关灌输这样一个观念,即只要作出不符合法律规定的行为,就有行政侵权的可能,因而对于行政机关而言在履职时避免行政违法尤为重要。

1.对于行政机关的一般职务行为,适用违法性原则

违法性原则只看行为的客观违法性,而并不需要考虑行政机关的主观过错,因此更有利于保护行政行为相对人的合法权益,也易于国家机关及其工作人员在实践工作中有所把握,并有利于督促行政机关工作人员严格依法办事。这里的“违法”包括违反明确的法律法规、政府规章、违反行政法基本原则如公平原则等,以及未合理行使自由裁量权等情形。

2.对于行政事实行为一般采用过错原则

行政事实行为是指行政主体在行使行政职权中作出的与职务相关的履职行为,这类行为的实施不以产生特定法律效果为目的。如在(2016)苏 06 行终 435 号评析案例"曹永锡与江苏省如皋市规划局等房屋登记行政纠纷上诉案"中,就将行政备案归为行政事实行为,认为行政备案是"行政主体对报送材料收集、整理、存档备查的一种程序性事实行为和行政法律制度";又如在(2019)津 0103 行初 3 号参阅案例"王炜与天津市河西区人力资源和社会保障局政府信息公开纠纷一案"中,法院将政府信息公开行为定性为行政事实行为。

对行政事实行为的侵权判断多以是否尽到注意义务为标准,如行政机关未尽注意义务而致使损害发生的,则行政机关存在过错,需承担责任;如行政机关已经尽到了注意义务而未能避免损害的发生,则行政机关不存在过错,无需承担赔偿责任。

(四)确定侵权行为损害结果

合法权益遭受损害是行政机关承担赔偿责任的一个要件。根据《国家赔偿法》等相关法律法规的规定,代理律师在确定侵权行为损害结果时需要把握以下几点:一是损害结果必须是实际发生的人身损害或财产损失,即行政赔偿只赔偿直接损失,而不赔偿间接损失;二是该受损权益必须属于合法权益;三是实际损害情况的举证责任由原告来承担。

(五)审查侵权行为和结果间的因果关系

行政侵权行为的因果关系是指行政机关及其工作人员的侵权行为导致了损害结果的发生,该因果关系的判定标准如下:①行政机关通过作为方式或者不作为方式作出了违反其行政义务的侵权行为;②该侵权行为对公民、法人、其他组织的合法权益造成了损害;③通过正常的社会经验可以确认侵权行为与损害结果间存在逻辑关系。

(六)着手行政赔偿的准备工作

对于行政行为的性质作出定性后,赔偿请求人和代理律师应当着手准备行政赔偿的救济工作。代理律师需要和当事人充分交流后综合判断时间成本、金钱成本等选择救济途径。并从程序、实体两个大方向开始收集行政赔偿证据。向赔偿义务机关申请行政赔偿是较为常见的救济方式,申请行政赔偿需向赔偿义务机关提交书面的赔偿申请书,赔偿申请书需要载明行政侵权行为相关事实,并说明行政行为违法的依据。

二、要点提示

(一)定好性:确认侵权行为性质

代理律师需要对案涉侵权行为进行初步定性,确认侵权行为性质。在实践中,并非所有涉及行政机关的纠纷都属于行政纠纷,有些属于披着行政纠纷外衣的民事纠纷,如行政机关与普通公民签订的商品买卖合同,行政机关在此时就是以平等的民事主体身份从事法律活动。判断案涉纠纷是否属于行政赔偿的范围,即"定好性"。代理律师在给行政行为定性时,要清楚行政侵权行为不仅包括以"作为方式"侵犯行政相对人的人身权、财产权,还包括以"不作为"方式致使公民、法人、其他组织受到损害。

法条链接

《最高人民法院关于审理行政赔偿案件若干问题的规定》

第一条　国家赔偿法第三条、第四条规定的"其他违法行为"包括以下情形:

(一)不履行法定职责行为;

(二)行政机关及其工作人员在履行行政职责过程中作出的不产生法律效果,但事实上损害公民、法人或者其他组织人身权、财产权等合法权益的行为。

第二条　依据行政诉讼法第一条、第十二条第一款第十二项和国家赔偿法第二条规定,公民、法人或者其他组织认为行政机关及其工作人员违法行使行政职权对其劳动权、相邻权等合法权益造成人身、财产损害的,可以依法提起行政赔偿诉讼。

(二)选对路:综合考虑选择行政赔偿救济途径

行政赔偿的救济途径有直接申请行政赔偿、提起行政诉讼、提起行政复议等,律师需要根据现有案情和案件诉讼阶段,选择行政赔偿的救济途径。选择行政赔偿救济途径需要代理律师和当事人结合案情并充分沟通后综合判断,综合考量的因素包括时间成本、金钱成本、诉讼影响等。

●●●●●●●● **法条链接**

《最高人民法院关于审理行政赔偿案件若干问题的规定》

第三条 赔偿请求人不服赔偿义务机关下列行为的,可以依法提起行政赔偿诉讼:

(一)确定赔偿方式、项目、数额的行政赔偿决定;

(二)不予赔偿决定;

(三)逾期不作出赔偿决定;

(四)其他有关行政赔偿的行为。

第四条 法律规定由行政机关最终裁决的行政行为被确认违法后,赔偿请求人可以单独提起行政赔偿诉讼。

《国家赔偿法》第十四条

赔偿义务机关在规定期限内未作出是否赔偿的决定,赔偿请求人可以自期限届满之日起三个月内,向人民法院提起诉讼。

赔偿请求人对赔偿的方式、项目、数额有异议的,或者赔偿义务机关作出不予赔偿决定的,赔偿请求人可以自赔偿义务机关作出赔偿或者不予赔偿决定之日起三个月内,向人民法院提起诉讼。

(三)重视行政赔偿申请书的书写

准备行政赔偿申请书是律师工作的一个重点,行政赔偿申请书需要注意以下几点:

(1)载明申请人的基本信息。如果是代他人申请,须列明申请人与受害人的关系。

(2)写明具体的赔偿请求。行政赔偿的请求必须是相对明确的,如请求赔偿财产损失××元,不能只写请求有关行政机关承担赔偿责任。

(3)写明行政侵权行为相关事实,并说明行政行为违法的依据。

●●●●●●●●　**法条链接**

《国家赔偿法》第十二条

要求赔偿应当递交申请书,申请书应当载明下列事项:

(一)受害人的姓名、性别、年龄、工作单位和住所,法人或者其他组织的名称、住所和法定代表人或者主要负责人的姓名、职务;

(二)具体的要求、事实根据和理由;

(三)申请的年、月、日。

赔偿请求人书写申请书确有困难的,可以委托他人代书;也可以口头申请,由赔偿义务机关记入笔录。

赔偿请求人不是受害人本人的,应当说明与受害人的关系,并提供相应证明。

赔偿请求人当面递交申请书的,赔偿义务机关应当当场出具加盖本行政机关专用印章并注明收讫日期的书面凭证。申请材料不齐全的,赔偿义务机关应当当场或者在五日内一次性告知赔偿请求人需要补正的全部内容。

(四)重视证据的收集

在行政赔偿救济程序中往往会用到三类证据。

1.程序类证据

在赔偿请求人和受害人不是同一主体时,代理律师需要准备证明赔偿请求人和受害人关系的身份证明,一般包括户口本复印件、派出所开具的证明。同时一些行政赔偿可能涉及前置程序,代理律师也要准备相关法律文书用以证明前置程序已经完成。

2.证明行政行为侵权的实体证据

证明行政行为发生的时间、地点、内容,并收集行政行为侵权的法律依据。

3.证明损害结果的证据

行政赔偿请求必须是具体的,因此受害人也需要对损害结果承担举证责任。人身损害的证据一般包括医疗费、误工费、伤残等级鉴定等;财产损害的证据一般包括财产损害情况的证明,包括有关部门的鉴定、现场相关照片等。

●●●●●●●●●● 法条链接

《国家赔偿法》第十五条

人民法院审理行政赔偿案件,赔偿请求人和赔偿义务机关对自己提出的主张,应当提供证据。

赔偿义务机关采取行政拘留或者限制人身自由的强制措施期间,被限制人身自由的人死亡或者丧失行为能力的,赔偿义务机关的行为与被限制人身自由的人的死亡或者丧失行为能力是否存在因果关系,赔偿义务机关应当提供证据。

《最高人民法院关于审理行政赔偿案件若干问题的规定》第十一条

行政赔偿诉讼中,原告应当对行政行为造成的损害提供证据;因被告的原因导致原告无法举证的,由被告承担举证责任。

人民法院对于原告主张的生产和生活所必需物品的合理损失,应当予以支持;对于原告提出的超出生产和生活所必需的其他贵重物品、现金损失,可以结合案件相关证据予以认定。

三、法律文书

行政赔偿申请书

　　赔偿请求人：×××，性别：×，年龄：××，工作单位/职业：×××，居民身份证号码：×××，住所：××××××，电话：×××

　　赔偿义务人：×××

　　地址：××××××

　　法定代表人：×××

　　诉讼请求：×××（应写明具体、明确的诉讼请求）。

　　事实和理由：×××××（写明起诉的理由及相关事实依据，尽量逐条列明）。

　　综上所述，请求×××赔偿××××××。

　　此致

××××××

申请人：

××××年××月××日

第二节　免责情形

一、基本内容

　　在处理行政赔偿案件过程中，行政主体也可以通过法定的免责情形来抗辩。实践中,免责情形的举证往往是赔偿义务人的代理律师准备工作的要点。

(一)《国家赔偿法》规定的行政侵权免责情形

关于行政侵权的免责情形,《国家赔偿法》第五条以列举式的方式总结了以下两种常见的行政机关免责情形。

1.行政机关工作人员与行使职权无关的个人行为

行政侵权行为必须满足侵权行为要件,承办律师在分析行政侵权案情时,需要区分行政工作人员作出的职权行为和个人行为。行政工作人员为履行职务而作出的行为属于职权行为,与职权无关的行为系个人行为。假使行政机关作出的是与其职务和行政身份完全不符的行为,一般不应被认定为是行使职权的行为,也就难以通过申请行政赔偿这条路径进行救济。

实务中,行政机关的代理律师可以通过两种思路举证:

(1)通过收集工作记录表、工作情况说明、内部工作记录等方式证明行政机关并没有授予行政机关工作人员相关行政职权,行政机关工作人员的行为不能代表行政机关,进而证明行政机关工作人员的行为属于个人行为。

(2)通过举证厘清工作人员作出的职权行为和个人行为的区别。如在造成受害人人身权损害的纠纷中,举证行政机关工作人员系因私人矛盾而造成了受害人的人身损害。在买卖合同纠纷中,举证行政机关工作人员是基于自身的需要,以平等的民事主体身份与受害人进行了商品交易,并非代表行政机关。

2.因公民、法人和其他组织自己的行为致使损害发生的

如果公民、法人或其他组织的行为是造成行政侵权行为发生的主因,那么行政机关就无须承担行政侵权责任。比较常见的就是"碰瓷"行为。在"碰瓷"行为中,权利被侵害的一方往往是主动挑起事端的一方,且其对于侵害的发生往往持希望或者放任的态度,在这个过程中,受害公民、法人、其他组织反而成为推动侵权行为发生的成因,在此情况下并不能将上述行为归责给行政机关,行政机关也无需承担行政赔偿责任。

(二)地方规范性文件中规定的行政免责情形

除了《国家赔偿法》明确规定的免责情形外,现在不少地方政府、政府部门也出台了相关的规范性文件,明确了行政工作人员的免责情形,如江苏省和湖南省先后出台了《市场监督管理部门行政执法人员履职尽职免责办法》,分别规定了二十余种免责情形。行政机关代理律师在准备材料证明行政行为具有免责事由时,除了要研究《国家赔偿法》中的免责事由,也要重视地方性规范文件的搜索工作。

但是代理律师需要注意,地方规范性文件中约定的行政免责情形并非一定是"免罪金牌",地方规范性文件中的免责情形是为行政机关代理律师在论证行政行为合法性时提供参考并对代理律师答辩观点提供一种思路,是否构成免责事由系法院、行政复议机关等经过梳理案件后进行综合判断。

(三)国家行为不属于行政赔偿诉讼范围

部分国家行为因为性质特殊也不属于行政赔偿诉讼范围,行政机关也可以基于此进行抗辩,最典型的是国防、外交行为,根据《最高人民法院关于审理行政赔偿案件若干问题的规定》第五条的规定:"公民、法人或者其他组织认为国防、外交等国家行为或者行政机关制定发布行政法规、规章或者具有普遍约束力的决定、命令侵犯其合法权益造成损害,向人民法院提起行政赔偿诉讼的,不属于人民法院行政赔偿诉讼的受案范围。"

二、要点提示

(一)明确行政行为免责事由的举证方向

1.方向一:行政机关工作人员的行为属于个人行为

行政机关工作人员具有双重身份,其行为既可能是代表行政机关行使法定职权,也可能是行使个人权利作出与行政机关无关的个人行为。行政机关的代理律师应该从以下几个方面开始举证:

(1)举证行政机关并没有授予行政机关工作人员相应的行政权限。

（2）举证说明行政机关工作人员的行为性质系个人民事行为。

2.方向二：损害结果因受害人的行为导致

在适用此类免责事由的案件中，行政机关代理律师应当着重分析侵权行为与损害结果间的因果关系，研究受害人个人行为是否造成损害结果的主因。常见的侵权结果由受害人导致的情况如下：

（1）因为受害人的拒不配合，行政机关无法在法定期限内作出相关行为。

（2）因受害人自身的违法行为（如擅自违法生产经营、违法启用设备设施等）而导致损害结果的发生。

（3）因受害人擅自转移财产，造成其查封或者扣押物品灭失或者损毁的。

（4）因受害人故意提交虚假证据材料，致使行政机关作出错误行政执法行为的。

• • • • • • • • 法条链接

《国家赔偿法》第五条

属于下列情形之一的，国家不承担赔偿责任：

（一）行政机关工作人员与行使职权无关的个人行为；

（二）因公民、法人和其他组织自己的行为致使损害发生的；

（三）法律规定的其他情形。

（二）重视地方性规范检索工作

《国家赔偿法》对于免责事由的规定并没有用穷尽式的列举方法，同时现在地方人大、政府对于行政行为的要求越来越规范，也出台了不少地方规范性文件，规定了不少行政机关的免责事由。代理律师需要重视地方性规范检索工作，是因为地方性规范性文件可以为代理律师论证行政行为的合法性提供相关参考，但是否能最终以此免责由法院、复议机关确定。

●●●●●●● **法条链接**

《湖南省市场监督管理部门行政执法人员履职尽职免责办法(试行)》第七条

行政执法人员在依法履行法定职责过程中,有下列情形之一的,不予追究执法过错责任:

(一)产生不良影响或危害后果,与市场监管部门履行法定职责的行为无直接关系的;

(二)行政相对人未依法申请行政许可或登记备案,在媒体曝光或者产生严重不良影响前,市场监管部门未接到举报,或者因其他客观原因未能发现,或者接到举报后正在按照程序进行处理的;

(三)根据检验、检测、检疫结果,鉴定报告或者专家评审意见等作出行政执法决定,且已按规定履行审查职责的;

……

(二十)发现上级的决定、命令或者文件有错误,已向上级提出改正或者撤销的意见,上级不予改变或者要求继续执行的,但执行明显违法的决定、命令或者文件的除外;

(二十一)国家市场监督管理总局与省政府规章对同一事项的规定不一致时,已经按照其中一种规定履行法定职责的;

(二十二)其他依法依规不予追究责任的情形。

三、法律文书

●●●●●●●

法律检索报告

序号	法律名称	发文机关	效力级别	生效时间	具体条文内容

第三节　赔偿请求人与赔偿义务机关的确定

明确赔偿请求人与赔偿义务机关是律师代理行政赔偿案件需要做的基础性工作之一。

一般情况下,赔偿请求人就是被侵权人。当受害公民死亡或受害法人终止时,代理律师需要明确哪些主体能够承继申请赔偿的权利。认定赔偿义务机关相对来说更加复杂,一个具体的行政行为有时可能涉及多个行政主体,但并不是每一个主体都有资格成为法定的赔偿义务机关,此时代理律师需要进行综合判断。

一、基本内容

从法理上讲,行政赔偿请求人即有权提出赔偿主张的人,多为行政行为的受害人;赔偿义务机关是承担赔偿义务的行政机关,多为作出侵权行为的行政机关。

有的律师在代理行政赔偿案子中,往往会将赔偿义务机关和赔偿责任承担主体混淆。实际上,两者是截然不同的两个概念。赔偿责任主体是指赔偿责任的最终承担者。在我国,国家是赔偿责任的唯一承担主体,而赔偿义务机关为代表国家处理赔偿请求、支付赔偿费用的行政机关,是提起行政赔偿诉讼后的被告。

作为代理行政赔偿案件的基础工作之一,代理律师需要学会判断赔偿请求人和赔偿义务机关。

(一)赔偿请求人范围

1.受害公民、法人和其他组织

受害的公民、法人和其他组织有权要求赔偿。在一般情况下,因行政侵权行为致害的当事人就是赔偿请求人。

2.受害公民死亡后,其继承人有权成为赔偿权利人

如受害的公民死亡,其继承人和其他有扶养关系的亲属有权要求赔偿,但应当提供该公民死亡的证明及与死亡公民之间的关系证明,才能获得申请赔偿的主体资格。

3.受害人死亡后支付合理费用的自然人,有权成为赔偿权利人

《最高人民法院关于审理行政赔偿案件若干问题的规定》第七条第二款规定:"受害的公民死亡,支付受害公民医疗费、丧葬费等合理费用的人可以依法提起行政赔偿诉讼。"根据该条规定,受害人死亡后,支付受害公民医疗费、丧葬费等合理费用的人,亦可代替死亡的公民成为提起行政赔偿诉讼的主体。

4.法人或者其他组织终止后的权利承受人有权要求赔偿

受害的法人或者其他组织终止的,其权利承受人有权要求赔偿。企业法人或者其他组织被行政机关撤销、变更、兼并、注销,认为经营自主权受到侵害,依法提起行政赔偿诉讼的,原企业法人或其他组织,或者对其享有权利的法人或其他组织均具有原告资格。

在实践中,无论选择哪种行政赔偿的救济方式,都需要准备行政赔偿请求人的身份材料。

第一种情况:当申请人是受害人的证明材料

申请人是受害公民的,公民的身份材料一般提交身份证正反面复印件;申请人是受害法人的,一般提交营业执照复印件、法定代表人身份证明、法定代表人身份证明,上述材料均需加盖公章。

第二种情况:受害人是赔偿权利承继人的证明材料

受害公民死亡的,一般由三种人承继其赔偿权利,第一种是其法定继承人,第二种是与受害公民存在其他有扶养关系的人,第三种是支付受害公民医疗费、丧葬费等合理费用的公民。律师代理上述权利承继人的行政赔偿案件时,首先需要准备受害公民的死亡证明,然后就是准备权利承继人与受害公民关系的相关证明,如户口本复印件、亲属关系证明等;如果是支付受害公民丧葬费等合理费用的公民,需要提交支付相关合理费用的证明,如医疗费单据等。

(二)赔偿义务机关的确定

具体行政侵权的工作人员并非法定的赔偿义务机关,当行政机关工作人员侵害公民、法人或其他组织的合法权益时,一般由其直接隶属的行政机关作为赔偿义务机关。

《国家赔偿法》第七条、第八条明晰了六种特定情况下的赔偿义务机关判断情形。一般而言,赔偿义务机关的判断以"谁作出谁赔偿"为基础原则,辅之以五种不同的特殊情形。

综合相关法律法规及司法实践,赔偿义务机关主要包括以下六类:

第一,一般情形下,作出行政侵权行为的行政机关为赔偿义务机关。

确认赔偿义务机关的一般准则可以概括为"谁作出,谁担责"。行政机关及其工作人员行使行政职权侵犯公民、法人和其他组织的合法权益造成损害的,该行政机关为赔偿义务机关。

第二,共同行使行政权力作出侵权行为的机关为共同赔偿义务机关。

两个以上行政机关共同行使行政职权时侵犯公民、法人和其他组织的合法权益造成损害的,共同行使行政职权的行政机关为共同赔偿义务机关。赔偿请求人提起行政赔偿诉讼应当将共同侵权机关作为共同被告,如赔偿请求人执意只起诉一个行政侵权机关的,人民法院应当将未被赔偿请求人起诉的行政机关作为行政赔偿诉讼的第三人。

第三,法律授权的组织作出侵权行为的,被授权组织为赔偿义务机关。

法律、法规授权的组织在行使授予的行政权力时侵犯公民、法人和其他组织的合法权益造成损害的,被授权的组织为赔偿义务机关。

这种情况应当与下面的第四条情况作出区分,被授权组织之所以可以独立成为赔偿义务机关,是因法律法规的授权赋予其类似于行政机关的地位,因此其可以独立担责。

第四,委托机关委托其他机关时作出侵权行为的,委托机关为赔偿义务机关。

受行政机关委托的组织或者个人在行使受委托的行政权力时侵犯公民、法人和其他组织的合法权益造成损害的,委托的行政机关为赔偿义务机关。

第五,赔偿义务被撤销后,承继其赔偿义务机关职能的机关的为赔偿义务机关;如无承继其职能的机关,则决定撤销的机关为赔偿义务机关。

赔偿义务机关被撤销的,继续行使其职权的行政机关为赔偿义务机关;没有继续行使其职权的行政机关的,撤销该赔偿义务机关的行政机关为赔偿义务机关。

第六,经过行政复议的,作出侵权行为的机关为赔偿义务机关;复议机关决定加重的,复议机关在加重部分承担赔偿责任,为赔偿义务机关。

二、要点提示

(一)准备赔偿请求人的身份证明材料

准备申请人身份证明材料是很多律师在实务中忽视的,行政赔偿申请、相关的诉讼对于申请人的身份审查都非常严苛,因此律师需要重视证明申请人身份的相关材料。申请人是公民的,一般要提交身份证正反面复印件;申请人是受害法人的,一般提交营业执照复印件、法定代表人身份证明、法定代表人的身份证正反面复印件。

●●●●●●●●　法条链接

《国家赔偿法》第六条

受害的公民、法人和其他组织有权要求赔偿。

受害的公民死亡,其继承人和其他有扶养关系的亲属有权要求赔偿。

受害的法人或者其他组织终止的,其权利承受人有权要求赔偿。

《最高人民法院关于审理行政赔偿案件若干问题的规定》第七条

受害的公民死亡,其继承人和其他有扶养关系的人可以提起行政赔偿诉讼,并提供该公民死亡证明、赔偿请求人与死亡公民之间的关系证明。

受害的公民死亡,支付受害公民医疗费、丧葬费等合理费用的人可以依法提起行政赔偿诉讼。

有权提起行政赔偿诉讼的法人或者其他组织分立、合并、终止,承受其权利的法人或者其他组织可以依法提起行政赔偿诉讼。

(二)准确确定赔偿义务机关

行政赔偿纠纷需要代理律师"找对人"。所谓"找对人"包含两个方面,一方面是确认赔偿请求人是否适格,另一方面是确定赔偿义务机关。

一般而言,作出具体侵权行政行为的政府机关即赔偿义务机关。但是部分具体行政行为的背后往往有着烦琐的行政流程,如一个行政行为经过省政府批准、市政府作出公告、区政府委托其他部门具体实施等。上述流程中,并非所有参与该过程的行政机关都是案涉侵权行为的赔偿义务机关,如果不能正确确认行政赔偿义务机关,赔偿请求人可能要承担申请被驳回或者败诉的风险,也会使委托人对承办律师业务能力产生怀疑。

实践中主要通过"权"和"名"两方面对侵权主体加以判断。"权"即行政机关及其工作人员在作出行政行为时是否代表国家行使公权力,其作出的行政行为是否在其管理职能范围内。"名"即行政机关及其工作人员在作出行政行为时是以谁的名义作出的。综合上述两个要素,如果行政机关在履行管理职能时,以自身名义作出行政行为并致使公民或法人受损的,则可初步认定该行政机关为行政侵权行为的主体。

●●●●●●●●● **法条链接**

《国家赔偿法》

第七条 行政机关及其工作人员行使行政职权侵犯公民、法人和其他组织的合法权益造成损害的,该行政机关为赔偿义务机关。

两个以上行政机关共同行使行政职权时侵犯公民、法人和其他组织的合法权益造成损害的,共同行使行政职权的行政机关为共同赔偿义务机关。

法律、法规授权的组织在行使授予的行政权力时侵犯公民、法人和其他组织的合法权益造成损害的,被授权的组织为赔偿义务机关。

受行政机关委托的组织或者个人在行使受委托的行政权力时侵犯公民、法人和其他组织的合法权益造成损害的,委托的行政机关为赔偿义务机关。

赔偿义务机关被撤销的,继续行使其职权的行政机关为赔偿义务机关;没有继续行使其职权的行政机关的,撤销该赔偿义务机关的行政机关为赔偿义务机关。

第八条　经复议机关复议的,最初造成侵权行为的行政机关为赔偿义务机关,但复议机关的复议决定加重损害的,复议机关对加重的部分履行赔偿义务。

《最高人民法院关于审理行政赔偿案件若干问题的规定》

第八条　两个以上行政机关共同实施侵权行政行为造成损害的,共同侵权行政机关为共同被告。赔偿请求人坚持对其中一个或者几个侵权机关提起行政赔偿诉讼,以被起诉的机关为被告,未被起诉的机关追加为第三人。

第九条　原行政行为造成赔偿请求人损害,复议决定加重损害的,复议机关与原行政行为机关为共同被告。赔偿请求人坚持对作出原行政行为机关或者复议机关提起行政赔偿诉讼,以被起诉的机关为被告,未被起诉的机关追加为第三人。

第十条　行政机关依据行政诉讼法第九十七条的规定申请人民法院强制执行其行政行为,因据以强制执行的行政行为违法而发生行政赔偿诉讼的,申请强制执行的行政机关为被告。

第四节　实训演练

一、案例一

(一)基本案情

A省人民政府作出批准征收B市C区某街道范围内农民集体建设用地

20公顷,用于城市建设。后B市人民政府作出将A省人民政府的批复内容予以公告,并载明征地方案由C区人民政府实施。苏某名下的房屋在本次征收范围内。C区人民政府组织相关部门将苏某的房屋及地上附着物拆除。苏某认为B市C区人民政府非法将上述房屋拆除,侵犯了其合法财产权,故提起诉讼,请求人民法院判令C区人民政府赔偿房屋损失、装潢损失、房租损失共计282.7680万元;房屋内物品损失共计10万元,主要包括衣物、家具、家电、手机等5万元;实木雕花床5万元。

(二)思考问题

(1)本案的侵权责任主体是谁?

(2)本案的损失范围应由谁举证?

(3)本案中如由于C区人民政府的原因导致苏某等无法举证其损失,损失应该如何认定?

二、案例二

案例解析

(一)基本案情

某公司违法搭建房屋附着物,区规划局作出行政决定,令其限期内自行拆除该房屋附着物。后该公司未如期拆除案涉房屋附着物,区政府遂依法组织人员将房屋附着物拆除,现公司认为拆除行为违法,申请国家赔偿。

(二)思考问题

(1)如该公司申请行政赔偿,应当以谁为赔偿义务机关提出赔偿请求?

(2)该区政府的行为是否需要承担行政侵权赔偿责任?

案例解析

　　赔偿请求人提起的行政赔偿申请、诉讼、复议被相关机关受理后,行政赔偿程序即进入行政赔偿处理阶段。当前行政诉讼存在着"两高一低"的情形,即行政案件发案量高,败诉率高,行政负责人出庭率低。行政机关不仅面临着外部的舆论压力,也面临着行政系统内部的问责压力。因此行政机关的代理律师不仅仅要考虑如何赢得诉争,更要考虑如何将诉争的负面影响降到最低。对于赔偿请求人的代理律师而言,在这一阶段则需要进一步跟进和推动行政赔偿程序的进程,为申请人争取更多的权利。因此,本章内容围绕单独提起的行政赔偿程序、附带提起的行政赔偿程序展开,梳理各阶段代理律师需要做的工作及要点。

第一节　单独提起的行政赔偿程序

　　单独提起的行政赔偿程序是指行政行为被确认违法后,赔偿请求人只针对赔偿事宜提起的救济程序,包括行政机关先行处理程序及行政赔偿的复议、诉讼。

应对单独提起的行政赔偿程序，行政机关及代理律师首先应当审查程序问题，包括赔偿请求人的主体资格、时效问题、赔偿义务机关是否适格。程序问题审查完毕后应当审查实体性问题，包括行政赔偿是否符合法律规定、赔偿请求人主张的所有赔偿是否均在行政赔偿范围内；再确认现有的损失计算是否准确，有无存在重复计算等情形。由于行政赔偿范围主要包括财产损失和人身损害，在计算财产损失赔偿的时候，应当注意财产的直接损失情况，分析赔偿请求人是否存在蓄意使财产损失扩大的行为。在侵犯人身的行政侵权案件中，应该重点审查赔偿请求人提供的证据如医疗证明、误工费计算方式、劳动能力鉴定结果及实际收入损失证明等。

一、基本内容

(一)先行处理程序

先行处理程序是指行政赔偿在进入行政复议和行政诉讼阶段前，行政机关在收到受害人相关材料后，进行内部先行调查的环节，类似于"自我纠错"。

先行处理程序解决行政赔偿纠纷具有独特的优势。对于行政机关来说，先行处理程序作为行政机关内部的纠错程序，可以相对独立地自行分析行政赔偿案件并提出解决方案，从而将诉争终止在行政机关内部，将诉争的影响降到最低，因此行政赔偿案件行政机关面临的外界舆论压力相对较小。同时行政机关通过先行处理程序进行自我优化亦有助于维护行政机关的自身的权威与公信力。

对于赔偿请求人来说，可以在先行处理程序中尽早解决赔偿问题，将主张权利的成本降至最低。因此先行处理程序无疑是效率最高、经济成本最小的方式。

在先行处理程序中，律师需要做好以下工作。

1. 先行处理环节的准备工作

程序性审查

在收到赔偿请求人的申请材料后，行政机关及其代理律师首先需要判断本行政单位是不是案涉行政行为的法定赔偿义务机关。除了需要确认行政行为的作出机关外,还要考虑是否存在行政授权、行政委托等特殊情况。

其次,判断赔偿请求人是否具有法定的申请资格。如涉及受害公民死亡的行政赔偿案件,需要确认继受受害公民权利的申请人是否具有申请行政赔偿的资格。涉及赔偿权利承继的案件需要特别审查证明赔偿请求人与受害人身份关系的材料,防止"张冠李戴"。

最后,确认赔偿请求人提出赔偿请求是否超过法定的诉讼时效。

在先行处理环节,如赔偿请求人缺失部分材料的,行政机关应该通知申请人补正相关材料;如赔偿请求人无法满足赔偿程序要件的,应当驳回赔偿申请。

实体审查

在程序审查完毕后,行政机关及代理律师应当着手实体环节的审查,即就赔偿请求人主张的赔偿数额、赔偿范围、赔偿方式进行审查,确认赔偿请求人人之主张是否有合法依据及证据支持。

2. 牢记先行处理环节的法定期限

赔偿义务机关先行处理的期限是两个月。如果赔偿请求人对先行处理结果不满意,须在赔偿义务机关作出赔偿决定或者先行处理期限届满之日起三个月内提起行政赔偿诉讼。代理律师在行政赔偿处理阶段,需要做好文件送达时间记录工作。在收到赔偿决定相关法律文书后,应当记录文件的接收时间,并立即在纸质、电子日历上记录三个月的行政赔偿诉讼期限。

3. 梳理先行处理环节的策略

在先行处理环节,行政机关及代理律师主要工作是审查赔偿请求人提交的相关材料,但这不意味着行政机关的代理律师在这一阶段是"被动"的,相反,行政机关的代理律师需要更加主动地去调查案件事实,制定先行处理环节的策略,去寻找作出行政行为的合法依据,同时要注重和赔偿请求人的交流。行政机关及代理律师要调整心态,不要把自己放在行政赔偿请求人的对立面,在解决行政赔偿纠纷的同时,应当考虑将行政赔偿事件带来的负面影响降到最低。行政机关及其代理律师如仍保持一种"高高在上"的姿态,则不利于案件顺利解决。

(二)单独提起的行政赔偿诉讼、复议准备工作

如果行政赔偿双方当事人在行政机关先行处理环节无法达成一致,则赔偿请求人可能单独提起行政赔偿诉讼或行政复议。对此,代理律师需要特别注意以下问题。

1.关注行政赔偿诉讼时效问题

赔偿请求人基于不同的前置程序提起单独的行政赔偿之诉,其诉讼时效是不一样的。代理律师必须注意各诉讼时效的不同。

第一,对先行处理结果不服而提起的诉讼时效。

赔偿请求人对先行处理程序的处理结果不满意的,可以在先行处理决定作出之日起三个月内提出,如果赔偿义务机关在收到赔偿申请之日起两个月内未作出赔偿决定的,公民、法人或者其他组织可以在先行处理程序届满之日三个月内单独提起行政赔偿诉讼。

第二,对复议结果不服而提起的诉讼时效。

在经过行政复议后,如赔偿请求人对行政赔偿不服而提起行政赔偿诉讼,则行政赔偿起诉期限是收到复议决定书的十五日内。

如果在送达行政复议决定时,赔偿义务机关没有告知赔偿请求人起诉期限的,则赔偿请求人的起诉期限就会从十五日变为"从公民、法人或者其他组织知道或者应当知道起诉期限之日起计算,但从知道或者应当知道行政复议决定内容之日起最长不得超过一年"。因此行政机关作出行政复议决定时,行政机关的代理律师应该提示行政机关须一并告知赔偿权利人起诉期限,以避免起诉期限被延长。

2.准备行政赔偿答辩思路

在实体方面,行政机关需要对行政赔偿进行答辩,代理律师主要的准备方向如下:

(1)行政赔偿是否符合法律依据。行政赔偿申请中一般包含多项具体的赔偿项目,代理律师需要分析这些赔偿项目是否都属于行政赔偿范围。

(2)现有的赔偿损失数额是否计算正确。国家赔偿法及相关司法解释明确规定了相关人身损害和财产损害的计算方式,代理律师须计算赔偿申请的数额是否符合相关规定。

(3)赔偿权利人证明损失的证据是否充足。证明损失的相关证据由赔偿请求人提供,如人身损害赔偿中的医疗费支出、误工费损失、财产损害赔偿中的财物折旧损失等。代理律师应当审查相关损失证据是否充分,并能与赔偿事由一一对应。

3.明确准备工作重心

本阶段代理律师的工作应当围绕以下重心展开:

(1)了解赔偿申请涉及的被诉行政行为性质。首先,确认被诉行政行为是否已经被人民法院、复议机关或行政机关自身确定为违法;其次,确认案涉行政行为是否属于国家赔偿受理范围内的行政行为(部分军事、外交行为并不属于国家赔偿受理范围);最后,确认代理的行政机关是否为该被诉行政行为的赔偿义务机关。

(2)审查被诉行政行为与受害人的损失是否具有因果关系。

(3)行政赔偿项目是否有明确的法律依据、计算是否正确。

(4)对于赔偿时效、原告请求资格等程序性要件的审查。

二、要点提示

第一,单独提起行政赔偿程序的时效为两年。

法条链接

《最高人民法院关于审理行政赔偿案件若干问题的规定》

第四条　法律规定由行政机关最终裁决的行政行为被确认违法后,赔偿请求人可以单独提起行政赔偿诉讼。

第十五条　公民、法人或者其他组织应当自知道或者应当知道行政行为侵犯其合法权益之日起两年内,向赔偿义务机关申请行政赔偿。赔偿义务机关在收到赔偿申请之日起两个月内未作出赔偿决定的,公民、法人或者其他组织可以依照行政诉讼法有关规定提起行政赔偿诉讼。

第二，先行处理程序的期限为两个月，作出赔偿决定或不予赔偿决定后十日内向当事人提交相关决定书。

●●●●●●●● 法条链接

《国家赔偿法》第二十三条

赔偿义务机关应当自收到申请之日起两个月内，作出是否赔偿的决定。赔偿义务机关作出赔偿决定，应当充分听取赔偿请求人的意见，并可以与赔偿请求人就赔偿方式、赔偿项目和赔偿数额依照本法第四章的规定进行协商。

赔偿义务机关决定赔偿的，应当制作赔偿决定书，并自作出决定之日起十日内送达赔偿请求人。

赔偿义务机关决定不予赔偿的，应当自作出决定之日起十日内书面通知赔偿请求人，并说明不予赔偿的理由。

第三，对先行处理程序不服后申请复议的时效为三十日。

●●●●●●●● 法条链接

《国家赔偿法》第二十四条

赔偿义务机关在规定期限内未作出是否赔偿的决定，赔偿请求人可以自期限届满之日起三十日内向赔偿义务机关的上一级机关申请复议。

赔偿请求人对赔偿的方式、项目、数额有异议的，或者赔偿义务机关作出不予赔偿决定的，赔偿请求人可以自赔偿义务机关作出赔偿或者不予赔偿决定之日起三十日内，向赔偿义务机关的上一级机关申请复议。

赔偿义务机关是人民法院的，赔偿请求人可以依照本条规定向其上一级人民法院赔偿委员会申请作出赔偿决定。

第四，复议机关的处理期限为两个月，对于复议结果不服的申请行政赔偿的期限为三十日。

●●●●●●●● **法条链接**

《国家赔偿法》第二十五条

复议机关应当自收到申请之日起两个月内作出决定。

赔偿请求人不服复议决定的，可以在收到复议决定之日起三十日内向复议机关所在地的同级人民法院赔偿委员会申请作出赔偿决定；复议机关逾期不作决定的，赔偿请求人可以自期限届满之日起三十日内向复议机关所在地的同级人民法院赔偿委员会申请作出赔偿决定。

第五，行政机关作出赔偿内容行政复议的，未告知当事人起诉期限的，当事人的起诉期限变更为从知道起诉之日起计算一年。

●●●●●●●● **法条链接**

《最高人民法院关于审理行政赔偿案件若干问题的规定》

第十六条 公民、法人或者其他组织提起行政诉讼时一并请求行政赔偿的，适用行政诉讼法有关起诉期限的规定。

第十七条第二款 行政机关作出有赔偿内容的行政复议决定时，未告知公民、法人或者其他组织起诉期限的，起诉期限从公民、法人或者其他组织知道或者应当知道起诉期限之日起计算，但从知道或者应当知道行政复议决定内容之日起最长不得超过一年。

三、法律文书

(一)保全证据申请书(最高人民法院标准样式)

保全证据申请书

申请人:×××,女,19××年6月18日出生,汉族,居民身份证号码:33021119××06180066,住浙江省×××××××××。

申请事项:

申请人×××因×××(写明案由)一案,你院已于××××年××月××日立案。现因该案有关证据×××即将灭失(或以后难以取得),根据《中华人民共和国行政诉讼法》第四十二条的规定,特向你院申请给予证据保全。

申请理由:

……

此致

××××人民法院

申请人:×××(签字/公章)

××××年××月××日

(二)补正通知书(最高人民法院标准样式)

×××人民法院
补正通知书
(通知赔偿请求人补正材料用)

×××(赔偿请求人姓名或名称):

　　你(你单位)于××××年××月××日以……(申请国家赔偿的案由)为由,向本院提出国家赔偿申请。经审查,你(你单位)的申请材料不齐全,依照《中华人民共和国国家赔偿法》第十二条、第二十二条的规定,你(你单位)应当补正以下材料:……(补正材料的内容)。补正申请材料所用时间不计入立案审查期限。

　　特此通知。

××××年××月××日

(三)受理案件通知书(最高人民法院标准样式)

×××人民法院

受理案件通知书

(受理国家赔偿申请用)

(××××)×法赔字第×号

×××(赔偿请求人姓名或名称):

  你(你单位)以……(申请国家赔偿的案由)为由,向本院申请国家赔偿。经审查,你(你单位)的国家赔偿申请符合立案条件,本院于××××年××月××日决定予以受理。(如有其他需要通知赔偿请求人的事项,写明"现将有关事项通知如下:……")

  特此通知。

××××年××月××日

（四）不予受理案件决定书（最高人民法院标准样式）

×××人民法院
不予受理案件决定书
（不受理国家赔偿申请用）

（××××)×法赔立字第×号

赔偿请求人：×××（写明姓名或名称等基本情况）。

赔偿请求人×××（姓名或名称）于××××年××月××日以……（申请国家赔偿的案由）为由，向本院申请国家赔偿。

经审查，本院认为，×××（阐明不予受理的具体理由）。依照《最高人民法院关于国家赔偿案件立案工作的规定》第九条的规定，决定如下：

对赔偿请求人×××（姓名或名称）的国家赔偿申请不予受理。

如不服本决定，可在决定书送达之日起三十日内，向×××（上级人民法院的名称）人民法院赔偿委员会申请作出赔偿决定。

××××年××月××日

第二节 附带提起的行政赔偿程序

附带提起的行政赔偿程序即行政行为造成受害人损害后,受害人通过行政诉讼或者行政复议程序确认行政行为违法时一并提起行政赔偿请求。附带提起行政赔偿的案件,律师的工作重心分为两部分,一部分是对行政行为的定性进行分析,另一部分是确定行政赔偿的具体内容是否合理。

一、基本内容

附带提起的行政赔偿诉讼因为搭了行政诉讼的"便车",有利于节约当事人的诉讼成本和法院、复议机关的办案成本,便于行政行为违法和赔偿问题一并解决,代理律师的工作要点围绕以下几个部分展开。

(一)选择管辖地

行政案件由最初作出行政行为的行政机关所在地人民法院管辖。经复议的案件,也可以由复议机关所在地人民法院管辖。作出具体行政行为的行政机关可能不止一个,就会出现两个人民法院都具有管辖权的情况,在这种情况下,赔偿请求人可以结合自身实际情况,选择其中有利于自身利益的人民法院提起诉讼。

在复议程序中,对于县级以上地方各级人民政府工作部门的具体行政行为不服的,赔偿请求人可以向本级人民政府申请复议,也可以向上一级主管部门申请行政复议。

(二)确定赔偿义务机关

作出行政侵权行为的机关一般为赔偿义务机关(行政诉讼中的被告),在涉及共同行政侵权行为时(共同执法、共同盖章),应将所有侵权机关均列为共同被告,如有遗漏,可以申请法院追加。

(三)考虑追加行政赔偿第三人

行政赔偿第三人是指在行政赔偿案件中与行政赔偿案件的处理结果有法律上利害关系的人,行政赔偿第三人在行政赔偿案件中有很大的作用,双方当事人应该综合案件具体信息决定是否追加行政赔偿第三人,以便更好地达成赔偿目的。

(四)明确举证重心

附带提起的行政赔偿程序中行政机关和代理律师需要围绕的重点是证明行政行为具有合法依据。无论是行政诉讼还是行政复议,赔偿义务机关都对作出的行政行为的合法性负有举证责任,赔偿义务机关应当提供作出该行政行为的证据和所依据的规范性文件。同时考虑到赔偿请求人和赔偿义务机关举证能力的差异,在诉讼过程中,赔偿义务机关及其诉讼代理人不得自行向赔偿请求人、第三人和证人收集证据。

在实践中,不少行政机关及其代理律师往往以案涉行政行为已经被撤销、案涉行政机关工作人员已经被追责为理由进行抗辩,这显然是没有法律依据的。违法行政行为一旦作出并对公民、法人和其他组织的合法权益造成不利影响,行政机关即存在承担赔偿责任可能。行政机关针对违法行为作出的后续补救措施及对实施行为的行政机关工作人员作出的内部追责并不能阻却其承担赔偿责任,行政机关只要做出过违法行政行为,即便其后面按照法定程序撤销、变更、确认了行为无效,行政机关仍然需要承担赔偿责任。同样,行政机关以相关行政机关工作人员已经被内部追责或行政机关工作人员因该行为被生效法律文书或检察机关政务处分确认为渎职、滥用职权为由主张其不承担赔偿责任也不会得到复议机关或司法机关的支持。

二、要点提示

(一)提起行政复议附带行政赔偿的时效为六十日

行政复议附带提起行政赔偿的期限是六十日,公民、法人或者其他组织认为具体行政行为侵犯其合法权益的,可以自知道该具体行政行为内容之日起六十日内提出行政复议申请。

●●●●●●●● **法条链接**

《行政复议法》第九条

公民、法人或者其他组织认为具体行政行为侵犯其合法权益的,可以自知道该具体行政行为之日起六十日内提出行政复议申请;但是法律规定的申请期限超过六十日的除外。

因不可抗力或者其他正当理由耽误法定申请期限的,申请期限自障碍消除之日起继续计算。

(二)提起行政诉讼附带提起行政赔偿的时效为六个月

赔偿请求人及其代理律师提起行政诉讼时一并请求行政赔偿的,适用行政诉讼法有关起诉期限的规定。而行政诉讼附带提起行政赔偿的期限是六个月,公民、法人或者其他组织直接向人民法院提起诉讼的,应当自知道或者应当知道作出具体行政行为内容之日起六个月内提出。法律另有规定的除外。

●●●●●●●● **法条链接**

《行政诉讼法》第四十六条

公民、法人或者其他组织直接向人民法院提起诉讼的,应当自知道或者应当知道作出行政行为之日起六个月内提出。法律另有规定的除外。

因不动产提起诉讼的案件自行政行为作出之日起超过二十年,其他案件自行政行为作出之日起超过五年提起诉讼的,人民法院不予受理。

第三节　实训演练

一、案例一

（一）基本案情

温某系 A 市铁路分局职工,1993 年由单位分配获得 A 市 B 街道 C 路 12 号公租房的居住权,登记房屋使用面积 15.16 平方米。原告在公租房旁边另有临时建筑物一间,无产权证。2005 年 7 月,A 市铁路局与 A 市政府签订了《A 市铁路局、A 市人民政府关于境内既有铁路土地、房屋等资产置换处置的协议》。该协议第一条约定,A 市铁路局将其及其下属单位在 A 市范围内的既有铁路线、站(场)及其他生产、生活、办公、经营等用地的土地使用权(不含已商品房开发和房改房用地)全部无偿移交给 A 市人民政府;第二条第四项约定,包括涉讼房屋在内的未实行房改的铁路职工住房和其他构筑物、建筑物及其产权由 A 市铁路局负责无偿移交给 A 市人民政府,双方的房地产主管部门依据相关法规办妥租赁合同中出租房的变更手续,其房产所有权与管理权属 A 市人民政府。A 市政府接收 A 市铁路局移交的房产后,交由 A 市国有资产经营有限责任公司(以下简称国资公司)管理。温某继续作为承租方使用房屋,向国资公司支付房租。公租证附有《铁路公有住宅租赁合同》,其中第五条约定"房屋因国家建设需要或其他原因必须拆除时,按国家和铁路有关规定办理,乙方必须按通知期限搬迁"。2012 年,国道改建工程,温某的公租房及临时建筑物被纳入拆除范围。2012 年 3 月,A 市政府作出(2012)第 112 号抄告单,明确了补偿安置的相关政策,其中第二条规定:"已在 A 市城区购买过商品房及拥有私房的职工,采取经济补偿的方式。依据租用房屋的建筑面积按居住区段的房屋市场评估价的 40% 给予一次性经济补偿,并收回租赁的公租房。"同年 11 月,A 市政府作出义办(2012)第 150 号抄告单,决定设立老铁路职工住房拆迁安置工作小组,由国资公司统筹协调拆迁安置和国有资产注销移交等工作。同年 12 月 28 日,国资公司书面通知温某,因建设需要,温某租用的房屋需要拆除,请温某于 2013 年 1 月 15 日前办理相关手续,否则一切责任由温某自行承担。2013 年 1 月,国资公司发布老铁路职工住房拆迁安置公示,对温某公租房建筑面积 17.42 平方米,货币补助 99120 元;临时建筑物面积 61.54 平方米,补偿金额 9154 元。温某认为补偿不公平而拒不接受,亦未腾空房屋。2013 年,国资公司更名为城投公司。2015 年 5 月 8 日,城投公司对涉案房屋实施了强制拆除。

(二)思考问题

(1)本案中温某仅是案涉房屋的承租人,是否具有申请行政赔偿、提起行政诉讼的资格？如温某具有申请行政赔偿资格,本案应以谁为赔偿义务机关？

(2)A 市政府和城投公司拆除案涉房屋的行为是否合法？

(3)温某出具了自己总结制作的强拆过程中屋内物品损失清单,要求相关主体赔偿其损失,其主张能否得到支持？

二、案例二

案例解析

(一)基本案情

马某某认为某区人民政府及相关部门对其实施限制人身自由并造成损害,向某区人民政府提交行政赔偿申请书。某区人民政府作出告知书,告知马某某其所提供的材料不能证明该区人民政府存在限制其人身自由的违法行为,故该区人民政府不是行政赔偿义务机关。马某某不服,向某市中级人民法院提起诉讼,请求确认某区人民政府在法定时间内未作出赔偿决定违法,并赔偿损失 18 万余元。

(二)思考问题

(1)不予赔偿告知书是否属于行政赔偿受案范围？

(2)马某某应当收集哪些证据支持自己的主张？

案例解析

实践中,调解是解决行政赔偿争议的常见方式。对于"行政赔偿调解",一般做广义理解,既包括行政赔偿的调解也包括行政赔偿的和解。在行政赔偿多以判决为解纷方式的情形下,温和的行政赔偿调解程序往往更能平衡双方当事人的权利与义务,强调双方的平等对话。在行政赔偿的调解阶段,双方律师在这一阶段需要与当事人充分协商,促成双方达成调解合意。

第一节 行政赔偿调解概述

行政赔偿调解作为最温和的解决行政赔偿纠纷的手段,需要引起代理律师的重视,代理律师要剖析行政赔偿调解的含义,区分行政赔偿调解和"私了"的区别,并在行政调解的各个阶段积极与当事人沟通,促成调解合意的达成。

一、基本内容

（一）行政赔偿调解的含义

法理上而言，行政赔偿的调解有广义和狭义两种说法。实践中多以广义上的行政赔偿调解为主。广义上的行政赔偿调解为赔偿请求人和赔偿义务机关在行政赔偿程序中达成的任何形式的合意，包括赔偿义务机关和赔偿请求人在法院主持下进行的调解以及赔偿义务机关和赔偿请求人在先行处理环节或其他环节达成的和解。

（二）行政赔偿调解的特点

行政赔偿调解是行政侵权纠纷的另一种纠纷解决方式，相对行政诉讼、行政复议的"剑拔弩张"，行政赔偿调解强调双方当事人协商交流、达成合意，是一种比较温和的行政赔偿解决方式。行政复议机关、人民法院在处理纠纷时应根据《最高人民法院关于建立健全诉讼与非诉讼相衔接的矛盾纠纷解决机制的若干意见》，充分发挥人民法院、行政机关、社会组织、企事业单位以及其他各方面的力量，促进各种纠纷解决方式相互配合、相互协调和全面发展，做好诉讼与非诉讼渠道的相互衔接，为人民群众提供更多可供选择的纠纷解决方式，维护社会和谐稳定，促进经济社会又好又快发展。

（三）行政赔偿调解的结果

双方当事人在行政赔偿调解中解决诉争，一般会通过两种模式实现，一种方式是由赔偿请求人撤诉或者撤回申请，一种方式是双方当事人达成书面调解协议。

（四）行政赔偿调解的优势

行政赔偿请求人之所以愿意行政赔偿调解，诉讼成本是一个很大的考量因素，这里的诉讼成本包括时间成本和金钱成本，对很多公民而言，即便最终胜诉，在胜诉过程中付出的金钱成本和精力仍然是难以接受的。尽管《国家赔偿法》第四十一条规定，行政赔偿请求人要求国家赔偿时，行政机关和人民法院不收取任何费用。但是这仅限于单独提起行政赔偿程序，在实践中，当事人往往在提起行政诉讼的同时一并提起行政赔偿之诉。行政诉讼阶段的诉讼费也是行政赔偿请求人必须承担的一部分成本。同时还要考虑的是律师的代理费用、收集证据的费用及其他开展复议、诉讼的合理费用。同时,行政赔偿程序不可避免地也会遇到执行问题,即便行政赔偿请求人的主张被行政机关、人民法院支持,如果不能执行到位,行政赔偿权利人也得不到相应的赔偿。因此诉讼成本问题是影响当事人选择诉讼路径的重要因素。

二、要点提示

(一)申请行政赔偿调解的形式

行政赔偿的调解可以通过口头形式也可以通过书面形式,就调解的发起程序上来说,可以通过当事人的申请,也可以通过人民法院、居中调解机关依职权提起,但是依职权受理的调解必须征得当事人同意,"强制性调解"不具有法律效力。

(二)确认调解受理机关

调解程序应当由人民法院或者具有相关管理职能的行政机关受理,行政机关基于双方当事人的观点进行牵头调解,涉及多个政府部门的调解,需要这些部门的共同上级居中调解或者指定其他具有管理职能的部门进行调解。

(三)调解机关的工作重心

居中调解机关应当充分听取当事人的陈述,认真审阅双方当事人的证据材料,并在法律允许的范围内对双方当事人进行劝导,督促双方当事人履行调解协议。

第二节 行政赔偿调解策略

行政赔偿调解是双方当事人通过居中调解机关磋商达成合意的过程,代理律师需要制定翔实的调解策略和备用方案。

一、基本内容

无论是调解还是和解，都是双方在法律规定范围内寻求合意的活动。因此，双方当事人之合意首先不得违反法律法规，协商内容必须在法律规定的范围内（如双方当事人自行确认某机关为赔偿义务机关，就会因违反法律规定而无效）。同时调解程序、和解程序必须做到程序公开，以区别于双方当事人的"私了"程序。律师想要做好行政赔偿调解工作，需要着重从调解心态和调解策略两个方面进行准备。

（一）调解时需注意当事人心态

要在维护当事人合法权益的情况下促成调解、和解合意的达成，赔偿义务机关和赔偿请求人都应当建立不卑不亢的心态。作为行政机关的代理律师，不得因为行政机关具有一定的政府权威而"居高临下"，这样反而适得其反。行政机关在处理行政赔偿案件中本就希望将影响降到最低，而行政机关代理律师的态度一定程度上代表着行政机关的态度。行政机关想避免诉争，而其代理律师却趾高气扬、态度傲慢，毫无疑问会影响行政机关的声望。作为赔偿请求人的代理律师，则不能畏惧行政机关的地位。赔偿请求人在行政诉讼中往往是处于弱势的一方，又有传统的厌诉思想，因此赔偿请求人的代理律师引导赔偿请求人积极主张自身的权利，不要因为双方的地位存在差异而不敢提出自己的主张，更不要产生畏强畏难的心理。

当事人自愿是调解工作的前提，如果有一方当事人不同意继续调解或者调解未果的，行政机关应当及时终止调解程序，引导当事人依法运用其他方式解决纠纷。在这一过程中，无论是行政机关、赔偿请求人及其代理律师都应当跟当事人阐明行政调解的利弊，重视行政调解，避免后续繁多的诉讼消耗更多的精力。

（二）制定正确的调解策略

除了要摆好调解心态，也要做好调解策略。代理律师在行政赔偿案件初期应当具有全局观念，部分主张并不能直接提出，要有循序渐进的分寸感。

一般而言,在赔偿请求人提出赔偿请求之后,行政机关往往会权衡利弊而提出自己的协商方案。此时,作为赔偿请求人的律师要充分表达委托人的主张,积极地收集材料以论证行政赔偿的依据,更要尽量保持一个坚定的态度,不能因为行政赔偿机关的介入而变得畏首畏尾。作为赔偿义务机关的代理人,除了审查赔偿请求人的实体主张外,也要针对法律事实,提出自己的解决方案。

在经过初步协商阶段后,如双方的争议并不大,都有调解、和解之意向,双方律师共同将行政赔偿推向和解、调解阶段。如果初步协商阶段以双方当事人了解对方主张为主,那么这个阶段则需要双方在原先的调解方案上进行进一步协商。但是双方代理律师都必须清楚,让步并不能是无穷无尽、无底线的。双方在初步协商阶段也必须探知对方行政赔偿调解的底线在哪里,确保不会因为触及对方当事人底线而导致谈判破裂。

经过初步协商和双方当事人共同让步后,应该平衡双方当事人之调解方案,仅有一方让步难以达成和解,双方仍需要在让步的基础上寻找利益共同点缩小分歧,因为和解的目的是化解矛盾,而不是产生新的矛盾。双方当事人在经过妥协、平衡之后,如果能达成相对一致的合意,则会进入调解协议准备和起草阶段。

二、要点提示

(一)注重各阶段的调解程序

行政赔偿案件的调解不只适用于审判过程中,在先行处理、复议、执行、再审审理的各个阶段均可随时进行。

(二)调解内容保密可以更好地保护当事人利益

调解保密原则意在保护调解过程中产生的当事人敏感信息,不仅双方当事人应当保守调解秘密,居中调解机关亦应受到约束。如果将调解协议内容公开,不仅有当事人敏感信息被披露的危险,更有可能使得调解双方矛盾恶化。

（三）重视行政调解的意义

对于赔偿请求人而言，行政调解可以使主张权利的成本降到最低；对于赔偿义务机关而言，可以使诉争影响降到最低。同时，双方当事人理性与合作态度的宣传，可以引导行政机关更好地服务人民群众，引导公民、法人或者其他组织更理性地行使诉讼权利，进而在全社会营造减少诉讼、增进和谐的风气。

第三节　行政赔偿调解协议

行政赔偿调解协议是双方调解合意的书面体现，直接影响双方当事人权利义务的实现，律师需要从实质内容、逻辑结构、履行方式等方面综合准备调解协议。

一、基本内容

在行政赔偿案件中签订调解协议，主要需要对赔偿款项、款项支付时间、收款人账户等信息予以明确。调解协议不仅需要做到用语规范、逻辑结构清晰完整，调解协议的内容也要符合法律规定。

（一）重视书面的行政赔偿调解书

在行政赔偿诉讼中，调解、和解的表现形式应当最终呈现为书面的调解书。这也即行政赔偿诉讼调解程序与当事人"私了"程序最大的区别。"私了"无须经过法定程序，仅仅是当事人私下达成合意，多是赔偿义务机关主动提出，以避免诉争的影响。而行政赔偿诉讼经过行政赔偿调解书的效力确认，如果行政赔偿调解最终没有落实到位，则赔偿请求人可以向法院依据调解协议主张权利。

（二）重视调解协议的逻辑结构

调解协议应当具有明确的条理。一份调解协议的产生必然经过多次协商、妥协。因此,为落实双方权利义务,应当在和解协议中明确双方的权利义务,约定双方的履行方式、履行期限,最后约定违反调解协议约定的法律后果及救济方案。

(三)调解协议内容必须符合法律规定

调解协议对双方的权利义务分配必须符合法律规定,如调解协议约定"协议签订后双方不得再以起诉、复议等方式主张自身权利",这就剥夺了赔偿请求人的合法权益。制定调解方案时,不得以不公平条款限制当事人的合法权益。

调解协议如有以下情况的,人民法院将不予确认调解协议效力:①违反法律、行政法规强制性规定的;②侵害国家利益、社会公共利益的;③侵害案外人合法权益的;④涉及是否追究当事人刑事责任的;⑤内容不明确,无法确认和执行的;⑥调解组织、调解员强迫调解或者有其他严重违反职业道德准则的行为的;⑦其他情形不应当确认的。

二、要点提示

(一)明确约定调解协议履行方式

行政赔偿案件中签订调解协议需要对行政赔偿的事宜进行明确约定,包括赔偿款项、款项支付时间、收款人账户等信息。行政调解协议不同于私下的调解方案,必须程序公开、其约定必须符合法律规定。调解协议中应当包含行政赔偿的主要方式,包括但不限于支付赔偿金、返还财产、恢复原状等。

●●●●●●●●　**法条链接**

《国家赔偿法》第三十二条

国家赔偿以支付赔偿金为主要方式。

能够返还财产或者恢复原状的,予以返还财产或者恢复原状。

(二)正确计算调解协议中的人身赔偿金

第一,侵犯人身自由的每日赔偿金标准为上年度职工日平均工资。

● ● ● ● ● ● ● **法条链接**

《国家赔偿法》第三十三条

侵犯公民人身自由的,每日赔偿金按照国家上年度职工日平均工资计算。

第二,侵犯生命健康权的,赔偿损失应包括医疗费、护理费、误工费;如造成受害公民残疾应当额外支付残疾赔偿金;如造成受害公民死亡的当额外支付死亡赔偿金、丧葬费。

● ● ● ● ● ● ● **法条链接**

《国家赔偿法》第三十四条

侵犯公民生命健康权的,赔偿金按照下列规定计算:

(一)造成身体伤害的,应当支付医疗费、护理费,以及赔偿因误工减少的收入。减少的收入每日的赔偿金按照国家上年度职工日平均工资计算,最高额为国家上年度职工年平均工资的五倍;

(二)造成部分或者全部丧失劳动能力的,应当支付医疗费、护理费、残疾生活辅助具费、康复费等因残疾而增加的必要支出和继续治疗所必需的费用,以及残疾赔偿金。残疾赔偿金根据丧失劳动能力的程度,按照国家规定的伤残等级确定,最高不超过国家上年度职工年平均工资的二十倍。造成全部丧失劳动能力的,对其扶养的无劳动能力的人,还应当支付生活费;

(三)造成死亡的,应当支付死亡赔偿金、丧葬费,总额为国家上年度职工年平均工资的二十倍。对死者生前扶养的无劳动能力的人,还应当支付生活费。

前款第二项、第三项规定的生活费的发放标准,参照当地最低生活保障标准执行。被扶养的人是未成年人的,生活费给付至十八周岁止;其他无劳动能力的人,生活费给付至死亡时止。

(三)把握精神损失赔偿的条件

对于精神损害的赔偿一般以消除影响恢复名誉为准,造成严重后果的,可以主张精神损害抚慰金。

● ● ● ● ● ● ●　　**法条链接**

《国家赔偿法》第三十五条

有本法第三条或者第十七条规定情形之一,致人精神损害的,应当在侵权行为影响的范围内,为受害人消除影响,恢复名誉,赔礼道歉;造成严重后果的,应当支付相应的精神损害抚慰金。

《最高人民法院关于审理行政赔偿案件若干问题的规定》第三十条

被告有国家赔偿法第三条规定情形之一,致人精神损害的,人民法院应当判决其在违法行政行为影响的范围内,为受害人消除影响、恢复名誉、赔礼道歉;消除影响、恢复名誉和赔礼道歉的履行方式,可以双方协商,协商不成的,人民法院应当责令被告以适当的方式履行。造成严重后果的,应当判决支付相应的精神损害抚慰金。

(四)明确调解协议中的财产赔偿金

受害人财物如能返还的,以返还财物为主要赔偿方式,如受害人财物已经灭失,则以支付赔偿金为主。

● ● ● ● ● ● ●　　**法条链接**

《国家赔偿法》第三十六条

侵犯公民、法人和其他组织的财产权造成损害的,按照下列规定处理:

(一)处罚款、罚金、追缴、没收财产或者违法征收、征用财产的,返还财产;

(二)查封、扣押、冻结财产的,解除对财产的查封、扣押、冻结,造成财产损坏或者灭失的,依照本条第三项、第四项的规定赔偿;

（三）应当返还的财产损坏的，能够恢复原状的恢复原状，不能恢复原状的，按照损害程度给付相应的赔偿金；

（四）应当返还的财产灭失的，给付相应的赔偿金；

（五）财产已经拍卖或者变卖的，给付拍卖或者变卖所得的价款；变卖的价款明显低于财产价值的，应当支付相应的赔偿金；

（六）吊销许可证和执照、责令停产停业的，赔偿停产停业期间必要的经常性费用开支；

（七）返还执行的罚款或者罚金、追缴或者没收的金钱，解除冻结的存款或者汇款的，应当支付银行同期存款利息；

（八）对财产权造成其他损害的，按照直接损失给予赔偿。

《最高人民法院关于审理行政赔偿案件若干问题的规定》

第二十八条　下列损失属于国家赔偿法第三十六条第六项规定的"停产停业期间必要的经常性费用开支"：

（一）必要留守职工的工资；

（二）必须缴纳的税款、社会保险费；

（三）应当缴纳的水电费、保管费、仓储费、承包费；

（四）合理的房屋场地租金、设备租金、设备折旧费；

（五）维系停产停业期间运营所需的其他基本开支。

第二十九条　下列损失属于国家赔偿法第三十六条第八项规定的"直接损失"：

（一）存款利息、贷款利息、现金利息；

（二）机动车停运期间的营运损失；

（三）通过行政补偿程序依法应当获得的奖励、补贴等；

（四）对财产造成的其他实际损失。

第三十一条　人民法院经过审理认为被告对公民、法人或者其他组织造成财产损害的，判决被告限期返还财产、恢复原状；无法返还财产、恢复原状的，判决被告限期支付赔偿金和相应的利息损失。

人民法院审理行政赔偿案件，可以对行政机关赔偿的方式、项目、标准等予以明确，赔偿内容确定的，应当作出具有赔偿金额等给付内容的判决；行政赔偿决定对赔偿数额的确定确有错误的，人民法院判决予以变更。

三、法律文书

(一)行政赔偿调解书(最高人民法院标准样式)

- - - - - - - -

××××人民法院
行政赔偿调解书

(××××)×行赔字第××号

原告×××,……(写明姓名或名称等基本情况)。

法定代表人×××,……(写明姓名、职务)。

委托代理人(或指定代理人、法定代理人)×××,……(写明姓名等基本情况)。

被告×××,……(写明行政主体名称和所在地址)。

法定代表人×××,……(写明姓名、职务)。

委托代理人×××,……(写明姓名等基本情况)。

第三人×××,……(写明姓名或名称等基本情况)。

法定代表人×××,……(写明姓名、职务)。

委托代理人(或指定代理人、法定代理人)×××,……(写明姓名等基本情况)。

原告×××因与被告×××……(写明案由)行政赔偿一案,于××××年××月××日向本院提起行政赔偿诉讼。本院于××××年××月××日立案后,于××××年××月××日向被告送达了起诉状副本及应诉通知书。本院依法组成合议庭,于××××年××月××日公开(或不公开)开庭审理了本案(不公开开庭的,写明原因)。……(写明到庭参加庭审活动的当事人、行政机关负责人、诉讼代理人、证人、鉴定人、勘验人和翻译人员等)到庭参加诉讼。……(写明发生的其他重要程序活动,如:被批准延长审理期限等)。本案现已审理终结。

经审理查明,……(写明法院查明的事实)。

本案在审理过程中,经本院主持调解,双方当事人自愿达成如下协议:……(写明协议的内容)。

上述协议,符合有关法律规定,本院予以确认。

本调解书经双方当事人签收后,即具有法律效力。

审 判 长 ×××
审 判 员 ×××
审 判 员 ×××

××××年××月××日

(院印)

本件与原本核对无异

(二)准许撤回国家赔偿决定书(最高人民法院标准样式)

×××人民法院
决定书
(准许撤回国家赔偿申请用)

(××××)×法赔字第×号

赔偿请求人:×××(写明姓名或名称等基本情况)。

赔偿请求人×××(姓名或名称)于××××年××月××日以……(申请国家赔偿的案由)为由,向本院申请国家赔偿。本案在审查过程中,×××(赔偿请求人姓名或名称)以……为由,提出撤回国家赔偿申请。

经审查,本院认为,……(写明赔偿请求人撤回国家赔偿申请系其真实意思表示、不违背法律规定等),决定如下:

准许×××(赔偿请求人姓名或名称)撤回国家赔偿申请。

××××年××月××日

（三）程序性驳回国家赔偿申请决定书（最高人民法院标准样式）

×××人民法院
决定书
（程序性驳回国家赔偿申请用）

（××××）×法赔字第×号

赔偿请求人：×××（写明姓名或名称等基本情况）。

×××（赔偿请求人姓名或名称）于××××年××月××日以……（申请国家赔偿的案由）为由，向本院申请国家赔偿。

经审查，本院认为，……（写明应予驳回国家赔偿申请的理由），依照……（法律及司法解释条文）的规定，决定如下：

驳回×××（赔偿请求人姓名或名称）的国家赔偿申请。

如不服本决定，可在决定书送达之日起三十日内向×××人民申请作出赔偿决定。

××××年××月××日

第四节　实训演练

一、案例一

（一）基本案情

黄某于1992年取得B城第113号集体土地使用权证，并在该宗地上建成房屋，房屋一直由黄某家庭使用。2010年，黄某所在的C村整体拆迁。2010年9月，D区管委会组织人员对黄某宅基地上的房屋及附属物进行登记，制作宅基地拆迁登记表，具体房屋及附属物情况合计房屋面积346.23平方米，其他房屋面积30.81平方米。

在黄某签字认可上述房屋及附属物情况后，D区管委会依照A市价费发〔2008〕178号（以下简称178号批复）规定的A市征地地面附着物和青苗补偿标准，制作了货币补偿户费用明细表。2011年8月5日，D区管委会、C村街道办、D区执法局组织力量，将黄某的房屋及附属物一并拆除。2015年6月2日，A市中级人民法院作出（2015）第113号行政判决，确认D区管委会、C村街道办、D区执法局三机关拆除黄某房屋的行为违法。

2015年10月28日D区管委会、C村街道办、D区执法局与黄某进行行政调解，决定协商解决案涉赔偿事宜。

（二）思考问题

（1）调解协议中能否约定由D区管委会作为赔偿义务机关？

（2）调解协议中约定的赔偿金最低不能低于什么标准？

（3）黄某能否在调解协议中主张迟延履行利息？

案例解析

二、案例二

(一)基本案情

2012 年 1 月 4 日,阿明等五人成立阿明养猪农民专业合作社,取得了农民专业合作社法人营业执照。2013 年 3 月 1 日,阿明合作社在租赁地上建造了约 2800 平方米的猪栏舍及其他附属设施,进行生猪养殖经营。2015 年 4 月 30 日,A 市动物卫生监督所下发三动卫监〔2015〕23 号《责令整改通知书》,要求该养猪场:①建设一个与生产规模相适应的无害化处理、污水污物处理设施设备;②立即停止使用潲水饲养生猪;③限期三个月(即 2015 年 7 月 30 日前)整改。2015 年 6 月 4 日,C 区政府印发了《综合整治实施方案》规定:对养殖场和经营者居住房屋,若属于违章(法)建筑的,按相关规定进入拆迁程序,由 C 区城市管理局(以下简称 C 区城管局)依法进行拆除;不属于违章(法)建筑的养殖场,联合 A 市国土环保局按相关规定进行关停,同时,对关停的养殖场要加大督查力度,严禁再次营业。

2015 年 6 月 11 日,A 市国土环境资源局下发《责令限期治理通知书》。阿明等五人接到以上通知后,即着手进行整改,建设相关的水污染防治设施。建设无害化处理池一座、干清粪便堆场一处、三级化粪池两座、防渗储存池一座、雨污分流管等水污染防治设施,并于同年 7 月投入使用。

2015 年 8 月 26 日,在未经以上通知整改部门验收的情况下,C 区城管局以涉案养猪场属违法建筑为由,未作出任何处理决定并告知阿明等五人相关权利,便对涉案养猪场及相关附属设施实施了强制拆除。

后案涉被诉的强制拆除行为已被生效裁判(2019)441 号行政判决确认违法,双方对于行政赔偿问题进行调解,焦点问题在于阿明应当获得赔偿的金额。

(二)思考问题

(1)案涉部分物品在强制过程中遭受损害,无法鉴定该部分物品的价值,应当由谁承担举证不利责任?

(2)阿明在调解协议中可以主张哪些停产停业期间的必要损失?

案例解析

(3)如果你是阿明的代理律师,拟一个损失赔偿方案。

第五编

行政非诉

　　行政非诉法律业务是相较于行政诉讼法律业务来说的,是指律师接受当事人委托,通过非诉讼的方式帮助委托人防范法律风险、化解法律争议的一种法律业务活动。行政非诉法律业务是法治政府建设的有机组成部分,其在建设法治政府和服务政府过程中发挥着不可替代的作用。尤其是随着行政机关大力推进政府法律顾问制度,不断完善专家参与决策机制,律师在行政非诉法律业务中的作用日趋凸显,相关法律服务市场也有待进一步挖掘。行政非诉法律业务涵盖的内容十分广泛,本编选取了政府法律顾问、行政规范性文件审查、行政协议审查以及政府信息公开四个方面的内容展开相关论述,以期对各位读者有所裨益。

政府法律顾问业务是律师非诉业务的一种类型,其中常年政府法律顾问业务是最常规、律师从事频率最高的行政法律非诉业务类型。近年来,随着行政机关大力推进政府法律顾问制度,不断完善专家参与决策机制,律师在促进政府依法行政、建设法治政府过程中发挥的作用日趋凸显,取得了良好的成效。特别是自 2016 年 6 月 16 日中共中央办公厅、国务院办公厅印发《关于推行法律顾问制度和公职律师公司律师制度的意见》以来,各级地方政府及其部门积极推行法律顾问制度,其中外聘法律顾问制度的推行更是给广大法律从业者提供了更多业务机会,特别是专职律师,更是成为政府外聘法律顾问的主力军。当然,鉴于政府法律事务繁杂、涉及面广、专业性强、突发情况多,加之法律服务过程中人力成本大、耗费精力多、回报相对不高,政府法律顾问制度的推行也面临着诸多困境,这给从事政府法律顾问业务的律师创造良好机遇的同时也对他们提出了新的挑战。

第一节 政府法律顾问的选聘

一、基本内容

选聘政府法律顾问,实质上属于政府购买服务,适用《政府采购法》。根据《政府采购法》的规定,目前政府采购方式有公开招标、邀请招标、竞争性谈判、单一来源采购、询价及国务院政府采购监督管理部门认定的其他采购方式。按照外聘法律顾问应当通过公开、公平、公正的方式遴选的原则,公开招标也成为当前政府法律顾问选聘的首选方式。根据《招投标法》等相关规定,政府法律顾问服务公开招标选聘在实务中一般需要经过六个流程,即编制采购文件、发布选聘公告、报名投寄资料、审核评选、签订聘任合同及考核验收。其中,律师群体是政府外聘法律顾问的基本对象,是从事政府外聘法律顾问业务的主力军。律师需要充分了解相关要求和程序,以更好地获得聘用机会及做好服务工作。

(一)编制采购文件

采购人应当以满足实际需要为原则,根据政府采购政策、采购预算和采购需求编制采购文件。其中采购需求是采购人实现采购目标并最终实现物有所值的基础。在外聘政府法律顾问项目中,采购需求体现为法律服务范围和服务方式。在编制采购文件中,行政机关可以根据自身实际需求,明确以下法律服务范围:

(1)对政府或部门重大行政决策的合法性、可行性及决策实施可能涉及的法律风险、社会问题进行研究、论证、评估并提出书面审查意见。

(2)为政府起草或拟发布的行政规章、规范性文件草案进行合法性审查或法律论证并提供法律意见。

(3)对政府在对外交往、重大经济项目谈判、重大招商引资中涉及的重要法律问题提供咨询、论证意见，对有关合同、协议及其他法律文书进行起草、审查或修订。

（4）协助政府处理化解群体性、突发性重大社会矛盾纠纷。

（5）对国企改制、企业破产清算等重大经济事项进行论证并提出书面法律意见。

（6）受政府或部门委托，参与或代理涉及诉讼、仲裁、执行等法律事务，参与处理重大行政争议和民事纠纷。

（7）参与信访接待、信访案件处理和行政调解工作并提供法律意见。

（8）受政府或部门委托，协助开展法制宣传教育、乡镇和社区法律咨询等政府基本公共服务工作。

（9）承办政府交代的其他法律事务等。

行政机关还可根据实际需要，确定法律服务的方式，如坐班、现场咨询、培训、讲座、电话沟通、电子邮件等。

（二）发布选聘公告

政府法律顾问选聘公告涵盖了政府采购文件的基本内容，包括明确的法律服务范围、法律服务方式、投标评标方法、费用和支付方式、法律服务考核指标方式等内容。选聘公告一般会提前于政府机关的门户网站、集中采购网站或相关公共媒体上发布。从事政府法律顾问业务的人员可以及时通过上述渠道获取相关公告，仔细研读，确认自身是否符合报名条件，再及时报名应聘。

（三）报名投寄资料

法律从业者根据选聘公告公示的条件要求，准备好相关报名资料按公告中所公示的渠道及时投寄。一般而言，政府法律顾问职业会对政治素质、遵纪守法、专业特长有所要求。作为法律从业者，要坚持职业操守，珍惜职业名誉，不能留有污点，这类"无形的资本"在政府法律顾问的应聘中往往发挥着决定性的作用。

(四)审核评选

聘任机关往往会成立评审团,对报名的应聘材料进行审核,以评选出优先选项。良好的职业履历往往是审核评选的关键,而具备聘任需求所述的某领域特长往往会成为"加分项"。政府机关的法律顾问选聘和审核评选一般由司法局组织负责,政府部门的法律顾问选聘和审核评选则一般由其法规科室和办公室组织负责。

(五)签订聘任合同

经审核评选后,往往经公示、批准,就可以确定最终的被聘者,接着需与最终被聘者签订正式聘任合同。聘任合同一般情况下以选聘公告中载明的合同附件为准,特殊情况下,经双方协商同意的可对选聘合同内容做部分调整。

(六)考核验收

行政机关应根据法律顾问服务的业务质量、法律效果、满意程度、响应时间、工作成果、执业道德等考核指标综合评价法律顾问服务质量,及时支付法律服务费。

二、要点提示

(一)了解政府法律顾问选聘标准

选聘政府法律顾问应做综合考量,专业性不是唯一标准。外聘法律顾问的目的是政府借助外脑作用,提升依法行政水平。外聘的法律顾问具有扎实的专业基础是基本要求,但专业性并不是选聘法律顾问的唯一标准,还应当综合考虑责任心、积极性、职业道德等各方面因素。

●●●●●●● **法条链接**

《关于推行法律顾问制度和公职律师公司律师制度的意见》

（八）外聘法律顾问应当具备下列条件：

1.政治素质高，拥护党的理论和路线方针政策，一般应当是中国共产党党员；

2.具有良好职业道德和社会责任感；

3.在所从事的法学教学、法学研究、法律实践等领域具有一定影响和经验的法学专家，或者具有5年以上执业经验、专业能力较强的律师；

4.严格遵纪守法，未受过刑事处罚，受聘担任法律顾问的律师还应当未受过司法行政部门的行政处罚或者律师协会的行业处分；

5.聘任机关规定的其他条件。

(二)明晰选聘程序

在选聘法律顾问的过程中，行政机关往往会制定明确的遴选程序，并保证遴选方式的公开、公平和公正，律师需要明晰相关程序，把握选聘的每一个环节。

●●●●●●● **法条链接**

《关于推行法律顾问制度和公职律师公司律师制度的意见》

（九）外聘法律顾问应当通过公开、公平、公正的方式遴选。被聘为法律顾问的，由聘任机关发放聘书。

(三)制定周到精准的服务方案

从政府法律顾问应聘实务的角度，律师选聘迈出的关键第一步是要仔细研读采购文件、准确把握客户需求，具体分析个人擅长领域，组合形成有竞争力的服务团队，进而制定翔实精准的服务方案，以满足政府采购需求。

三、法律文书:关于担任××市××局法律顾问之法律服务方案

浙江泽大律师事务所
ZHEJIANG ZEDA LAW FIRM

关于担任××市××局法律顾问
之法律服务方案

一、律所概况

浙江泽大律师事务所于 2001 年由浙江浙大律师事务所改制设立。

浙江泽大律师事务所前身为浙江浙大律师事务所,原名为浙江联合律师事务所第一所,成立于 1984 年,系中国恢复律师制度后浙江省第一批联合律师事务所,1992 年更名为浙江华夏律师事务所,2001 年改制成为如今的浙江泽大律师事务所。

浙江泽大律师事务所(以下简称泽大所)是浙江省规模最大,执业律师人数最多的综合性律师事务所。2005年获得中华全国律协评选的首批"全国优秀律师事务所"。

截至2021年7月,泽大所总人数859人,在册律师660人,律师团队中有博士生导师8人,硕士生导师13人,教授14人,博士23人,硕士和双学位234人,有22人兼任杭州仲裁委员会仲裁员。泽大所在浙江拥有14个分所,杭州本部占地约9000平方米,全省占地26700平方米。可使用中、英、法、德、奥、日、韩等七种工作语言办公。

2020年泽大所共计办理案件超17000起,为超过15000家企业及个人提供专项法律顾问服务,业务创收居全省前列。泽大所现设八个诉讼业务部,二十五个非诉业务专项工作室,并可根据客户需求组合专项服务团队或课题小组。

依托浙江大学光华法学院的学术底蕴和人文积累,泽大所在竞争激烈的法律服务市场中领先,并形成了鲜明的性格与文化。泽大律师恪守法律精神与传统,同时保持对社会生活的关切,不断创新服务。泽大律师对中国的法律环境和社会现实有着深入的了解,具备高度的敬业精神、专业能力和职业素养,是客户合法权益的可靠保障。

二、专业优势

本所以各专业法学领域科研成果为基础,通过担任政府、企事业单位法律顾问、专项非诉讼顾问的实务操作,以及诉讼、仲裁的司法实践,在行政法、公司法、刑法、保险法、知识产权法、房产建筑法、投融资等领域形成了明显的专业优势。泽大设有公司、行政、刑事、建筑房地产、资源环境、金融、证券、涉外、知识产权、民事等专业部门。

通过多年的研究与实践,本所在政府法律顾问、公司治理、资产与股权重组、公司并购、公司内部控制、劳动人事管理、重大基础设施和能源投资、建设、经营管理等领域,均积累了丰富的案例经验,现有业务涵盖了政府法律顾问、房地产、公路、石油石化、天然气、影视传媒等多头项目领域,可为政府法律顾问、专业投资公司项目开发、投融资、建设施工、销售经营等法律事务提供全程服务。本所已与众多国家机关、事业单位、优秀企业建立了长久合作关系,在客户中拥有良好的口碑。

三、服务团队

根据贵局的业务需求及特点,本所组建专业××律师工作团队,以保证为贵局提供法律服务的专业性、时效性。针对贵局需求,团队拟采用"2+N"模式组建和分工,具体安排如下。

1.首席顾问

首席顾问由本所高级合伙人××律师担任。××律师从业30年,具备丰富的行政、刑事法律服务经验,也是浙江省××厅、杭州市××局、××浙江省公司等单位的常年法律顾问律师或服务律师,具体负责协调律师事务所资源,组建和管理律师团队,审定法律服务方案和法律意见,就重要法律文书进行审核签字等。

2.主办律师

主办律师由本所律师××担任,×律师曾任职××公务员近六年,具备丰富的行政管理实务经验和扎实的行政法素养,可随时到贵局上门服务,及时了解贵局需求并提供法律意见。

3.专业律师

(1)在必要时可组织浙江大学光华法学院专家和有关部门领导、专业人士召开专项论证会,形成指导意见。

(2)贵局的专项法律事务,或贵局的诉讼、仲裁案件,可由顾问律师负责并组建专项小组,承办具体项目或案件。

4.联络律师

×律师作为与贵局的联络律师,具体负责与贵局的工作联络。×律师联系方式:移动电话××××××××××××,邮箱×××@zedalawyer.com。

四、服务范围及措施

(一)为贵局依法行政提供法律依据,进行合法性审查

律师的优势在于对法律知识的掌握和实际运用,在为政府提供法律服务的过程中,律师可以充分发挥自身这一优势,为政府依法行政提供合法性、可行性分析和论证,确保政府行为合法。

(二)帮助贵局规范行政执法行为

"依法行政,执政为民"是建设法治政府的核心理念。律师作为政府的法律顾问,可以在政府工作人员开展行政执法工作前介入,并通过制定流程性文件规范行政执法程序,同时为行政执法行为提供充分法律法规依据。

(三)协助贵局处理民商事法律事项

政府作为民事法律行为的主体,在日常工作中会涉及采购、债权债务处理等事项,通过律师参与上述工作,能够确保政府民商事行为合法,降低政府的法律风险。

(四)代理贵局参与诉讼,维护贵局合法权益

贵局涉及的诉讼,包括民事诉讼和行政诉讼,律师代理政府行政案件,能够确保依法从事行政行为的行政机关及其工作人员的正当权益,同时将可能涉及违法行政的案件损害及影响程度降至最低。

五、服务承诺

1. 响应时间

(1)临时突发性重大事件:即时、现场提供法律意见。

(2)一般法律咨询:即时、口头提供法律意见,或一至二个工作日内书面回复。

(3)需以资料确认基本事实及复杂、疑难法律问题的咨询:资料提供齐全后两个工作日内书面回复;特别疑难事项原则上于五至七个工作日内回复。

(4)起草、审查修改法律文件:单份合同,资料提供齐全之后三个工作日内反馈修改、确认后的文件;页数超过十页的合同、新业务类型文件或特别疑难、复杂事务文件,于合理时间内回复,原则上不超过五个工作日。

(5)会议或现场会谈:提前三个工作日预约确认会谈时间。

(6)培训:提前十个工作日内预约确认培训时间。

2. 工作形式

(1)常规性法律咨询服务,日常性法律事务随时接受贵局咨询。

(2)对于疑难、复杂的法律问题的咨询,律师将尽可能以书面的形式回复。

(3)其他法律事务的咨询,以电子邮件、电话、传真等形式回复。

六、服务期限

考虑到贵局初次聘任法律顾问及法律服务的延续性,本次法律顾问服务期限建议定为壹年。

七、收费标准

1.常规性法律服务顾问费

按年度收取法律顾问费,每年顾问费人民币×万元整(¥×0000.00),在当年度一次性支付。

2.诉讼、仲裁代理费

诉讼、仲裁代理费按贵局委托案件收取,根据浙江省物价局、浙江省司法厅《关于制定律师服务收费标准的通知》,行政诉讼一审案件××元/件、二审案件××元/件,民事诉讼案件根据诉讼标的额计算后按八折优惠收费,在常年法律顾问费以外单独计费、收取。

3.其他费用

(1)律师为本项目服务而发生的相关费用(包括但不限于交通费、差旅费、调查费、文印费等)由贵局承担,据实结算。

(2)因诉讼、仲裁等发生的费用(包括但不限于诉讼费/案件受理费、财产保全费、执行费用、公证费、评估费等)均由贵局承担。

八、其他

以上方案为本所担任贵局法律顾问的原则性条款,仅作为贵局决策之初步依据。如蒙与贵局进一步洽谈,双方最终权利义务以签署的《法律顾问服务合同》为准。

顺颂

时祺!

浙江泽大律师事务所

授权代表:××律师

二〇二一年十一月十五日

第二节　政府法律顾问业务

一、基本内容

政府法律顾问业务的涵盖内容极广,既有作为行政机关的政府及其部门自身职能的专门性法律服务内容,也包括作为一般法律主体的常规性日常法律事务内容。

(一)重大事项论证分析

参与政府重大行政决策、决定的论证并提供法律意见,是政府法律顾问的重要业务内容。自 2016 年《关于推行法律顾问制度和公职律师公司律师制度的意见》出台后,有些政府领导干部缺乏法律意识,对法律顾问"顾而不问"或者仅仅把法律顾问作为政策咨询者,并未真正让法律顾问参与到重大决策中的状况有了很大改善。值得注意的是,政府法律顾问的主体是政府的专门法制机构,但作为法制机构的合作伙伴及政府智囊,外聘法律顾问也发挥着不可忽视的重大作用。

在涉及某些重大项目的论证和重大合同的签订过程中,往往需要政府法律顾问参与调查、谈判。政府法律顾问需要就项目、合同本身的背景、专业知识进行大量的学习了解,搜集相关的必要资料,检索相关法律法规,作出缜密专业的论证,提供针对性法律意见。

(二)规范性和非规范性文件的起草、论证、审查

规范性文件的起草、论证是政府法律顾问的常规工作。除了法规、规章等立法事项,政府机关在行政工作中会制定发布大量在一定期限内反复适用的公文,以红头文件、行业规范等形式出现。这类规范性文件的起草主体一般都是政府专门的法制机构,在实务中往往会同外聘法律顾问一同论证拟定,或由外聘法律顾问参与审查、提供法律意见。

非规范性文件主要是具备行政执法职能的政府机关,依法定权限、程序就个别事项或个别人发布的文件。在涉及重大疑难复杂案件时,政府机关会征询外聘法律顾问的意见。法律顾问就法定权限、执法程序和相关法律规定的理解提供相应的法律意见。

(三)行政复议和诉讼代理

在行政纠纷中代理行政机关处理行政复议和行政诉讼事务,是外聘法律顾问最为常见的业务内容。诉讼程序对于行政机关工作人员来说是相对陌生的领域,特别在涉及疑难而争议较大的案件时,行政机关倾向于将涉诉事务委托给外聘法律顾问代为处理。

行政复议和行政诉讼代理都属于诉讼法律事务,一般情况下都会在顾问法律服务合同之外另行签订委托合同,单独计费。

(四)其他常规性业务

除上述基本内容外,凡涉及政府机关法律相关的事务都属于政府法律顾问的业务内容。其他常规性业务包括但不限于信访、重大突发事件的调处、普法宣传培训、民商事法律事务的咨询代理等等。

普法宣传培训包括配合行政机关对社会进行本机关职能内的事务的普法宣传,也包括对行政机关内部工作人员进行相应的法制培训、执法规范培训等。

行政机关职能广泛,各机关有其专门管理领域,有大量相应的专业知识和专业人员。在实务中,行政职能工作以外作为民事主体涉及的相关法律事务往往会成为行政机关对外聘法律顾问的重要业务需求。比如编外用工的劳动关系处理、采购、出租合同事务处理,此类民事法律事务涉及法律问题,都会咨询外聘法律顾问或交由代理。

二、要点提示

(一)积极参与重大决策听取法律意见工作

现实中,一些单位领导运用法治思维和法治方式依法防范和化解经济社会矛盾的意识不强，习惯于"事后补救"，往往等到矛盾或者问题产生后才要求法制机构参与、法律顾问介入，法律顾问也就是在必要时充当一下"消防员"的角色。2016《关于推行法律顾问制度和公职律师公司律师制度的意见》出台后，将听取法律顾问的意见建议作为政府重大决策和立法的必经程序进行了制度化。政府法律顾问也在事后救急备用到事前参与、参谋过程中实现了角色转化，从而使得法律顾问在法律风险防范中发挥更多主动性。

●●●●●●●●　**法条链接**

《关于推行法律顾问制度和公职律师公司律师制度的意见》

（三十）党政机关要按照以下要求充分发挥法律顾问、公职律师的作用：

1. 讨论、决定重大事项之前，应当听取法律顾问、公职律师的法律意见；

2. 起草、论证有关法律法规规章草案、党内法规草案和规范性文件送审稿，应当请法律顾问、公职律师参加，或者听取其法律意见；

……

对应当听取法律顾问、公职律师的法律意见而未听取，应当请法律顾问、公职律师参加而未落实，应当采纳法律顾问、公职律师的法律意见而未采纳，造成重大损失或者严重不良影响的，依法依规追究党政机关主要负责人、负有责任的其他领导人员和相关责任人员的责任。

（二）严格保密义务，避免利益冲突

作为法律服务市场竞争主体的律师群体，在执业中往往会拿既有服务客户和成功案例作为个人宣传推广的素材，不经意间就会将案情信息广而告之。但就政府作为服务对象的法律顾问服务而言，则要严格注意，避免过度宣传，从而违反执业规范。政府法律顾问与作为聘任方的政府之间的法律关系是基于聘任合同产生的，是一种服务合同关系，合同双方在法律上的地位是平等的，都享有合同所规定的权利，并应当履行合同规定的义务。相较于企业法律顾问，政府法律顾问承担着更严格的保密义务、避免利益冲突义务及回避义务等。

●●●●●●●● **法条链接**

《关于推行法律顾问制度和公职律师公司律师制度的意见》

（十一）外聘法律顾问在履行法律顾问职责期间承担下列义务：

1. 遵守保密制度，不得泄露党和国家的秘密、工作秘密、商业秘密以及其他不应公开的信息，不得擅自对外透露所承担的工作内容；

2. 不得利用在工作期间获得的非公开信息或者便利条件，为本人及所在单位或者他人谋取利益；

3. 不得以法律顾问的身份从事商业活动以及与法律顾问职责无关的活动；

4. 不得接受其他当事人委托，办理与聘任单位有利益冲突的法律事务，法律顾问与所承办的业务有利害关系、可能影响公正履行职责的，应当回避；

5. 与聘任机关约定的其他义务。

(三)协助完善法律顾问工作考核机制

政府法律顾问工作质量的好坏，不仅影响到政府行为的效率、质量进而影响到政府形象，而且还涉及律师事务所的声誉以及顾问工作的可持续性。从目前整个政府法律顾问队伍看，有些单位聘请的法律顾问虽然具备基本法律理论知识，但业务仅限于就案论案，与该单位全局工作结合不紧密，提出法律意见的实效性不强。一些法律顾问专业知识、业务能力、知识结构及综合素质与政府的要求存在差距，特别是体现部门职能的业务素质有待提高，政治觉悟也有待提高。另外，政府法律顾问工作因有其自身的特殊性，在很多时候难以确定量化标准，这也给法制机构进行工作评价时量化排序造成困难。以上因素共同造成了当前政府系统法律顾问工作评价标准模糊的现实困境，一个客观、完善的考核机制亟待形成。律师在担任政府法律顾问的同时，也可以协助完善法律顾问工作考核机制，为这一工作提质贡献智慧。

●●●●●●●● **法条链接**

《关于推行法律顾问制度和公职律师公司律师制度的意见》

（三十二）各级党政机关要将法律顾问、公职律师、公司律师工作纳入党政机关、国有企业目标责任制考核。推动法律顾问、公职律师、公司律师力量建设，完善日常管理、业务培训、考评奖惩等工作机制和管理办法，促进有关工作科学化、规范化。

三、法律文书

××市兼职政府法律顾问聘任合同
（选聘执业律师）

甲方：　　　　　　　　　　　政府/委办局

乙方：　　　　　　　　　　　律师/事务所

为贯彻落实党的十八届四中全会关于"积极推行政府法律顾问制度，建立政府法制机构人员为主体、吸收专家和律师参加的法律顾问队伍"要求，聘任乙方律师担任甲方兼职政府法律顾问。现双方就兼职政府法律顾问事宜，经协商一致，签订本合同。

第一条　顾问事项的范围和内容

乙方（律师）担任甲方兼职政府法律顾问，应根据甲方要求完成下列工作：

□参与重大行政决策、决定研究，每年不少于[　]次，出具法律论证、审核意见书。

□参与政府重大项目、重大合同的谈判和文本起草，每年不少于[　]次，出具法律意见书。

□参与行政复议案件审议、行政应诉案件应对，每年不少于[　]件，出具法律意见书。

□参与重大突发事件的应对处理，出具法律意见书。

□参与重大事项社会稳定风险的分析与评估，出具调查报告或法律意见书。

□协助提供法制培训、宣传等服务，每年不少于[　]次。

□协助甲方拟定、修改或完善相关工作制度或规范。

□甲方交办的其他法律事务。

第二条　甲方的权利

2.1 甲方有权要求乙方(律师)按照约定的顾问事项、内容以及要求,提供相应服务。

2.2 甲方对于乙方(律师)履职过程中形成的相关工作成果,享有著作权,乙方(律师)公开使用的,应当事先征得甲方同意。

2.3 甲方对乙方(律师)履职的情况实施考核等管理。

第三条　甲方的义务

3.1 甲方应当为乙方(律师)履行政府法律顾问职责完善相关的机制,为其参加相关活动、了解相关情况提供便利和条件。

3.2 甲方应当尊重和保障乙方(律师)独立提出法律意见和建议的权利。

第四条　乙方的权利

4.1 乙方(律师)有权查阅、获取与甲方委托事务有关的各种情况、文件、资料。

4.2 乙方(律师)有权组织、参加与甲方委托事务有关的座谈会、听证会及其他会议,进行现场调研等。

4.3 乙方(律师)在约定的顾问事项范围内,有权独立发表法律意见,不受任何单位和个人的干扰。

4.4 乙方(律师)有权取得工作报酬和其他与甲方委托事务有关的工作费用,甲方应当依照本合同的约定按时、足额支付。

第五条　乙方的义务

5.1 乙方(律师)应当勤勉尽职,遵守相关职业规范和准则,切实维护公共利益及群众合法权益。

5.2 乙方(律师)对甲方安排的顾问事项,应当按时保质完成,并按甲方要求通报工作进程。乙方(律师)应当根据甲方的需要出具书面的法律意见书或建议书,由本人签名,并对其合法性负责。

5.3 乙方(律师)组织、参加相关会议等活动如涉及需要甲方承担费用开支的,乙方(律师)应当事先征得甲方同意。

5.4 乙方(律师)在担任甲方兼职法律顾问期间,为避免利益冲突,在涉及甲方的行政裁决、行政复议、行政应诉或其他法律事务中,乙方(所有律师及工作人员)均不得作为与甲方存在利益冲突一方的委托代理人;乙方(律师)在接受本合同项下的法律事务时,若涉及乙方法律服务客户或有其他利害关系冲突的,乙方(律师)应及时告知甲方并主动回避。

5.5 乙方(律师)在合同约定以及甲方授权的权限范围内,依法开展工作,不得以兼职政府法律顾问的名义从事与顾问职责无关的事务。

5.6 乙方(律师)对甲方的法律事务应当保存完整的工作记录,对涉及甲方的原始证据、法律文件和财物应当妥善保管。

第六条　保密规范

6.1 乙方(律师)对其在向甲方提供兼职法律顾问服务过程中获知的国家秘密、商业秘密、个人隐私和其他不宜公开的资料承担保密义务。

6.2 乙方(律师)应当按照甲方规定的使用用途和方式,正当、合理、审慎地使用涉及国家秘密、商业秘密、个人隐私等材料和信息;不得违规记录、存储、复制国家秘密、商业秘密、个人隐私等信息,不得留存国家秘密、商业秘密、个人隐私等信息的载体或介质。

6.3 未经甲方书面同意,乙方(律师)不得将获取的有国家秘密、商业秘密、个人隐私等内容的文件或资料交于第三人保管或使用。

第七条　聘任期限

7.1 乙方(律师)为甲方提供法律顾问服务的期限为_____年,自_____年_____月_____日起至_____年_____月_____日止。

7.2 法律顾问聘期届满后,经甲方对乙方(律师)进行考核,达到优良的方可续聘。

第八条　相关费用

8.1 乙方(律师)的工作报酬为每年人民币_____元,分两笔支付,第一笔_____元于_____年_____月_____日前支付,第二笔_____元于_____年_____月_____日前支付。

8.2 乙方(律师)办理甲方委托事项所发生的下列工作费用,在征得甲方同意后由甲方承担:

8.2.1 相关行政、司法、鉴定、评估、公证等第三方收取的费用;

8.2.2 本市行政区域以外发生的差旅费、食宿费等必要费用;

8.2.3 征得甲方同意后支出的其他费用。

第九条　考核

9.1 乙方（律师）应在合同期限届满前＿＿＿＿＿＿＿日内，向甲方书面述职，全面、客观总结合同履行期间内受甲方委托完成各项工作的情况，便于甲方进行考核。

第十条　合同的解除

10.1 甲乙双方经协商同意，可以变更或者解除本合同。

10.2 乙方（律师）有下列情形之一的，甲方有权书面通知解除本合同：

10.2.1 违反本合同第五条、第六条约定的义务的；

10.2.2 因工作变动、健康等原因不能正常履职的；

10.2.3 不符合《关于推行法律顾问制度和公职律师公司律师制度的意见》有关兼职政府法律顾问选聘要求的；

10.2.4 无正当理由，两次以上不参加甲方要求的顾问活动或者不按时出具法律意见的。

10.3 甲方有下列情形之一的，乙方有权书面通知解除本合同：

10.3.1 甲方委托事项违反法律或违反相关职业规范的；

10.3.2 甲方逾期仍不向乙方支付工作报酬或者其他费用的。

10.4 本合同因 10.2 与 10.3 项情形解除而终止后，甲方有权视乙方（律师）已实际提供服务的工作量和服务质量，要求乙方退还部分或者全部已付的工作报酬等相关费用。

第十一条　违约责任

11.1 乙方（律师）违反本合同第五条、第六条规定的义务，导致甲方蒙受重大损失，乙方应当向甲方承担赔偿责任，但由于甲方提供的文件、资料及有关情况有误而产生的责任除外。

11.2 甲方无故解除合同的，乙方有权要求甲方依照本合同第八条支付应付未付的工作报酬、未报销的工作费用。

11.3 甲方向乙方（律师）提供的资料有虚假、误导、隐瞒、重大遗漏及其他违规行为，导致乙方（律师）发表的法律意见或出具的法律文件出现错误或者遗漏，并导致乙方（律师）受到处分或者蒙受其他经济损失的，甲方应当向乙方承担赔偿责任。

第十二条　争议的解决

12.1 在本合同履行过程中，如双方发生争议，应本着诚实信用原则通过协商解决，协商不能解决的，按下列第［　］项解决：

（一）提交××仲裁委员会仲裁；

（二）向人民法院提起诉讼。

第十三条　其他

13.1 乙方（律师）接受甲方委托担任甲方代理人，参加行政复议、行政诉讼、仲裁等法律程序，或者接受甲方委托为其他重大法律事项提供专项法律服务的，另行签订专项法律服务委托合同。

13.2 本合同由甲乙双方签字或盖章之日生效。

13.3 本合同一式三份，甲乙双方各执一份，一份交本级人民政府法制办备存。

甲方：×××（盖章）　　　　　　乙方：×××（盖章）

　　年　月　日　　　　　　　　　　　　年　月　日

　　行政规范性文件在目前我国依法行政实践中扮演着极其重要的作用,甚至可以毫不夸张地说,离开行政规范性文件,行政机关依法履行职能将"举步维艰"。需要注意的是,行政规范性文件本身并不规范,其存在"先天不足"的缺点,包括行政规范性文件的制定权存在滥用,部分行政规范性文件相互抵触甚至违反上位法规定等,因此理论界和实务界对行政规范性文件的评价褒贬不一。对于从事行政非诉法律事务的律师而言,实践中主要以法律顾问或法律专家的名义参与到行政规范性文件的审查活动中,审查方式主要包括前期的合法性审查和后期的备案审查。律师在应邀参与或受托提供审查法律服务前,需要充分了解行政规范性文件制定的一般程序(包含立项论证、调研起草、公开征求意见、合法性审查、集体审议决定、公开发布和依法备案等七个步骤),在此基础上结合合法性审查和备案审查两种制度各自的审查要点协助行政机关开展行政规范性文件的审查工作。

第一节　行政规范性文件合法性审查

一、基本内容

通俗地讲，行政规范性文件就是我们日常生活中所说的"红头文件"。根据姜明安主编的《行政法与行政诉讼法（第七版）》可以将行政规范性文件界定为：国家行政机关为执行法律、法规和规章，对社会实施管理，依法定权限和法定程序发布的规范公民、法人和其他组织行为的具有普遍约束力的政令。本节在向读者介绍行政规范性文件制定程序的基础上，主要指出律师在规范性文件制定阶段的合法性审查实务要点。

（一）行政规范性文件的制定程序

制定行政规范性文件的程序一般包括以下七个步骤，如下图所示。

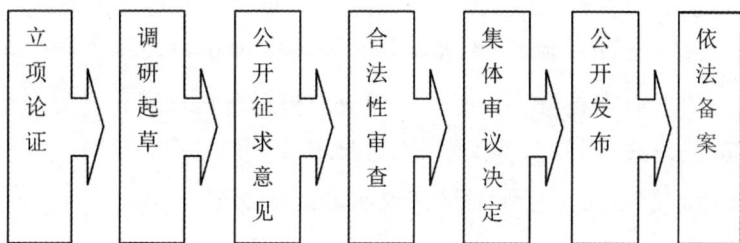

立项论证　→　调研起草　→　公开征求意见　→　合法性审查　→　集体审议决定　→　公开发布　→　依法备案

1.立项论证

一般而言，行政规范性文件的制定第一步是立项，起草单位在向有关部门提交立项申请时，应当对制定规范性文件的必要性、可行性和合理性进行论证，确保行政规范性文件的合法有效。同时在立项申请时，应就制定该规范性文件需要解决的主要问题、拟规定的主要制度、资金来源、实施后可能产生的消极影响及预防补救措施等作出说明。

2.调研起草

调研起草是行政规范性文件制定的基础环节,起草单位可以成立行政规范性文件起草小组,组织相关人员参与起草。对于专业性、技术性比较强的规范性文件,可以通过政府购买服务的方式委托第三方组织起草。行政规范性文件起草单位在起草文件时,应当进行充分调研,详尽掌握第一手资料。在涉及其他地区或者部门职权范围内的事项,应当征求相关地区或者部门意见。经充分协商不能取得一致意见的,应当在报送草案时说明情况和理由。

3.公开征求意见

行政规范性文件草案应当公开征求意见,除依法不得公开及简化制定程序的规范性文件外,起草单位应当将行政规范性文件草案通过政府门户网站、政务新媒体等便于公众知晓的方式公开征求意见,期限一般不少于七个工作日。对涉及群众重大利益调整的,起草部门要深入采取座谈会、论证会、实地走访等形式充分听取各方面意见,特别是利益相关方的意见。

4.合法性审查

合法性审查是行政规范性文件制定的关键环节,行政规范性文件草案先由起草单位负责合法性审查,再提交制定机关负责合法性审核的部门进行合法性审核。经合法性审查后,审查机构要根据不同情形提出合法、不合法、应当予以修改的书面审核意见。起草单位应当根据合法性审核意见对规范性文件作必要的修改或者补充;特殊情况下,起草单位未完全采纳合法性审核意见的,应当在提请制定机关审议时详细说明理由和依据。

5.集体审议决定

行政规范性文件经合法性审核并通过后方可提交集体审议。一般而言,地方各级人民政府制定的行政规范性文件要经本级政府常务会议或者全体会议审议决定,政府部门制定的行政规范性文件要经本部门办公会议审议决定。集体审议强调发扬民主,确保参会人员充分发表意见,集体讨论情况和决定要如实记录,参会人员有不同意见应当如实予以载明。

6.公开发布

行政规范性文件经集体审议通过后由制定机关的主要负责人或授权其他

负责人进行签发。一般而言,行政规范性文件会按照统一登记、统一编号、统一印发的"三统一"方式进行规范管理,制定机关一般也会通过政府公报、政府网站、政务新媒体、报刊、广播、电视、公示栏等公开向社会发布。需要重点强调的是,未经公布的行政规范性文件不得作为行政管理依据。

7.依法备案

备案是行政规范性文件制定的最后一个环节,也是对已发布的行政规范性文件开展备案审查的前提条件。备案要求包括:省级以下地方各级人民政府制定的行政规范性文件报上一级人民政府和本级人民代表大会常务委员会备案,地方人民政府部门制定的行政规范性文件报本级人民政府备案,地方人民政府两个或两个以上部门联合制定的行政规范性文件由牵头部门负责报送备案。实行垂直管理的部门,下级部门制定的行政规范性文件报上一级主管部门备案,同时抄送文件制定机关所在地的本级人民政府。

(二)合法性审查的实务要点

在行政规范性文件制定过程中进行合法性审查是确保文件合法有效的重要措施。《国务院关于全面推行行政规范性文件合法性审核机制的指导意见》第三条明确提出,要建立健全专家协助审核机制,充分发挥政府法律顾问、公职律师和有关专家作用。中共中央、国务院 2021 年 8 月印发的《法治政府建设实施纲要(2021—2025 年)》提出,行政机关主要负责人作出重大决策前,应当听取合法性审查机构的意见,注重听取法律顾问、公职律师或者有关专家的意见。因此实践中很多行政机关委托律师在制定阶段协助开展规范性文件的合法性审查工作。律师在提供审查服务时主要考虑以下要点。

1.制定主体是否合法

为从源头上防止"政出多方""奇葩文件"等情形的出现,保证制定主体的合法性就显得尤为重要。现阶段我国法律法规和规章对行政规范性文件的制定主体规定得比较明确,包含行政机关或者经法律、法规授权的具有管理公共事务职能的组织。需要强调的是,县级以上人民政府所属工作部门的内设机构、临时机构、议事协调机构或者派出机构,以及不具有行政管理职能的机构,不得制定行政规范性文件。

2.是否超越制定机关法定职权

行政机关应当结合其自身法定职权制定相应的行政规范性文件,任何超越其法定职权的规范性文件制定都不能通过合法性审查。鉴于实践中行政机关的职权多种多样,且散见于各类法律法规之中,因此律师在审查该要点时需要明确行政机关的主要工作职责及其具体工作事项,进而检索对应的法律规定,明确相应的职权依据,以此作出相应的实务判断。

3.内容是否符合宪法、法律、法规、规章和国家政策规定

"法律优先"原则是在审查行政规范性文件应当重点考虑的问题,在整个法律位阶体系中,虽然行政规范性文件的位阶相对较低,但其数量多,涉及面广,实践中为避免违法的行政规范性文件对行政相对人和政府自身形象造成破坏性影响,应当防止出现行政规范性文件与上位法相冲突或者抵触的情形。另外,鉴于行政许可、行政处罚、行政强制等事项均关系到行政相对人的切身利益,因此设定上述事项应当限制在法律、法律和规章的范围之内,行政规范性文件不得设定上述事项。

4.是否违反规范性文件制定程序

遵循法定程序是行政规范性文件制定过程中需要注意的关键问题,违反法定程序则该规范性文件存在不生效或被撤销的法律风险。前述已经提及,规范性文件的制定程序一般包括立项论证、调研起草、公开征求意见、合法性审查、集体审议决定、公开发布和依法备案等七个步骤,律师在协助进行合法性审查时可以按照前述步骤对照审查。

二、要点提示

第一,对行政规范性文件进行合法性审查时应当把握"法律保留"原则。即特定领域的国家事务应保留由立法者以法律的形式规定,行政规范性文件作为一种行政权行使的表现也应遵循"法律保留"原则,不得设立本应由法律形式予以规定的事宜,包括有行政许可、行政处罚、行政强制等。

●●●●●●●　**法条链接**

《立法法》第八条

下列事项只能制定法律：

（一）国家主权的事项；

（二）各级人民代表大会、人民政府、人民法院和人民检察院的产生、组织和职权；

（三）民族区域自治制度、特别行政区制度、基层群众自治制度；

（四）犯罪和刑罚；

（五）对公民政治权利的剥夺、限制人身自由的强制措施和处罚；

（六）税种的设立、税率的确定和税收征收管理等税收基本制度；

（七）对非国有财产的征收、征用；

（八）民事基本制度；

（九）基本经济制度以及财政、海关、金融和外贸的基本制度；

（十）诉讼和仲裁制度；

（十一）必须由全国人民代表大会及其常务委员会制定法律的其他事项。

《行政处罚法》第十六条

除法律、法规、规章外，其他规范性文件不得设定行政处罚。

《行政许可法》第十七条

除本法第十四条、第十五条规定的外，其他规范性文件一律不得设定行政许可。

《行政强制法》第十条

行政强制措施由法律设定。

尚未制定法律，且属于国务院行政管理职权事项的，行政法规可以设定除本法第九条第一项、第四项和应当由法律规定的行政强制措施以外的其他行政强制措施。

尚未制定法律、行政法规，且属于地方性事务的，地方性法规可以设定本法第九条第二项、第三项的行政强制措施。

法律、法规以外的其他规范性文件不得设定行政强制措施。

《浙江省行政规范性文件管理办法》第五条

行政规范性文件应当符合法律、法规、规章的规定,依照法定权限、程序制定。

行政规范性文件不得设定行政许可、行政处罚、行政强制等事项;不得违法制定含有排除或者限制公平竞争内容的措施;没有法律、法规依据,不得减损公民、法人和其他组织的合法权益或者增加其义务。

第二,对行政规范性文件进行合法性审查时应当注意其制定程序的合法性问题。考虑到规范性文件有的涉及较强的专业性,有的涉及实践操作的可行性问题,有的涉及人民群众的切身利益,因此律师在对行政规范性文件进行合法性审查时,应当根据内容充分考虑该文件在起草时是否广泛听取各方意见,是否公开征求有关方的意见。

●●●●●●● 法条链接

《上海市行政规范性文件管理规定》

第十六条 除本规定第二十八条另有规定外,制定机关组织起草规范性文件的,应当听取有关组织和行政相对人或者专家的意见;起草涉及企业权利义务的规范性文件,应当充分听取相关企业和行业协会商会的意见。区人民政府及其工作部门起草规范性文件,一般应当听取市有关主管部门的意见;市人民政府工作部门起草规范性文件,可以根据需要,听取有关区人民政府的意见。

第十七条 除依法需要保密的外,对涉及群众切身利益或者对公民、法人和其他组织权利义务有重大影响的规范性文件,应当通过政府网站或者其他有利于公众知晓的方式向社会公示,公布规范性文件草案及其说明等材料,征询公众意见。征询意见的期限自公告之日起一般不少于 30 日;确有特殊情况的,征询意见的期限可以缩短,但最短不少于 7 日。

第三,对行政规范性文件进行合法性审查时应注意审查的时间节点,避免出现超期审查、拖延审查等情况。对于特殊情况下需要向第三方征求意见的时间不计算在内。

●●●●●●●　　法条链接

《江苏省行政规范性文件管理规定》第二十二条

除为了应对突发事件、维护总体国家安全、执行上级机关紧急命令和决定需要立即制定行政规范性文件外,行政规范性文件合法性审核时间一般不少于 5 个工作日,最长不超过 15 个工作日;审核过程中的征求意见、专家论证等时间不计算在内。

《辽宁省行政规范性文件合法性审核办法》第十二条

除为了预防、应对和处置突发事件,或者执行上级机关的紧急命令和决定需要立即制定规范性文件等外,合法性审核时间不少于 3 个工作日,最长不超过 10 个工作日。

三、法律文书

以下为政府法制机构合法性审查意见书参考格式,适用于区政府法制办向本级政府或办公室提出法律审查意见。

╳╳人民政府法制办公室对《╳╳╳(草案)》的合法性审查意见
╳╳审〔╳╳╳╳〕╳╳号

区人民政府办公室:

　　╳╳╳局(委/办)起草的《╳╳╳╳╳╳╳╳╳(草案)》已经我办审查,现提出法律意见如下:

　　一、审查过程

　　该文件于╳╳╳╳年╳╳月╳╳日经我办统一登记,╳╳╳╳年╳╳月╳╳日至╳╳日,进行合法性审查。……(对审查过程和所做的工作作出简要说明)

　　二、合法性情况

　　……(需对制定主体、制定依据、制定权限、制定程序、草案送审稿内容和形式是否合法逐一作出审查确认。制定主体、制定权限或者送审稿主要内容不合法的,应当建议不予制定该规范性文件;制定文件适用依据错误,或者适用依据已经废止失效的,应当提出适用准确的依据;个别具体规定不合法的,或者前期制定程序不符合法定要求的,应对存在的问题逐一具体分析,并提出明确、具体的建议。

　　三、后续法定程序

　　《╳╳╳╳╳╳╳╳╳(草案)》属于行政规范性文件,应当经区人民政府负责人集体讨论决定和区人民政府主要负责人(或授权的其他负责人)签署后,按规定进行统一编号、统一公布,并按照要求报送上一级人民政府备案。

╳╳人民政府法制办公室(公章)

年　　月　　日

第二节　行政规范性文件的备案审查

一、基本内容

一般来说，备案审查是指规范性文件在生效后，按法定期限报法定的机关备案，由接受备案的机关进行分类、存档，在规范性文件的有效期间，依法对其监督审查的活动。备案审查与合法性审查共同构成了律师参与行政规范性文件审查实务中的关键工作内容，本节在向读者厘清备案审查与合法性审查的基础上，主要指出律师在规范性文件备案审查中的实务要点。

(一)备案审查的目标

2013 年 11 月通过的《中共中央关于全面深化改革若干重大问题的决定》提出，要完善规范性文件、重大决策合法性审查机制。健全法规、规章、规范性文件备案审查制度。2018 年，国务院办公厅连续发布了两个文件，搭建了行政规范性文件制定和审查总体框架。一是《国务院办公厅关于加强行政规范性文件制定和监督管理工作的通知》，二是《国务院关于全面推行行政规范性文件合法性审核机制的指导意见》。其中《国务院办公厅关于加强行政规范性文件制定和监督管理工作的通知》第三条第十项明确提出，健全行政规范性文件备案监督制度，做到有件必备、有备必审、有错必纠。

(二)备案审查与合法性审查的区别

1.审查的时间不同

合法性审查发生在行政规范性文件制定之时，是一种事前约束措施，目的是从源头上防止违法文件的出台。备案审查发生在行政规范性文件制定之后，是一种事后监督措施，目的在于及时纠正和撤销违法、过时的行政规范性文件。从目前的审查实践来看,无论是合法性审查还是备案审查,都是保证行政规范性文件合法有效的重要手段,这一前一后两种审查制度,在行政规范性文件的制定和实施中发挥着不可替代的作用。

2.审查侧重点不同

如果合法性审查和备案审查在审查侧重点上完全一致的话,将出现重复审查的情形,这将消耗大量政府资源,降低行政效率,因此合法性审查和备案审查的侧重点理应不同。一般来说,合法性审查作为前置审查程序,需要对规范性文件的合法性、合理性和可行性等作全面审查,涉及的面更广、点更多,以便在发布和实施前发现行政规范性文件所存在的重大问题。备案审查作为合法性审查的后手,与合法性审查存在一定的区别,但仍是以合法性审查为主,合理性审查为辅。

3.审查的处理方式不同

在合法性审查阶段,合法性审查机关在审查后会根据不同情形提出文件合法、不合法、应当予以修改的书面审核意见。而在备案审查阶段,备案审查部门发现报送备案的行政规范性文件有违法或者不当情形的,一般是及时通知制定机关暂停执行、自行纠正或者予以改进;必要时,报请本级人民政府予以改变或者撤销。

(三)备案审查的实务要点

随着目前规范性文件备案审查制度不断健全和完善,备案审查工作部门的工作量日益增大,律师能够提供服务的市场和空间也随之而来。律师在提供审查服务时主要考虑以下要点。

1.是否超越法定权限

超越权限而制定的规范性文件属于违法,这是不言而喻的。律师在审查制定机关是否对行政规范性文件具体内容享有制定权时,可以从其是否具备法律法规授权直接进行确定,也可以通过政府官网公开查询的制定机关的权责清单、"三定"方案以及政府部门自行下发的行政规范性文件制定主体清单等方式予以确认。

2.是否违反法律、法规、规章的规定

与合法性审查类似,备案审查也要重点考虑规范性文件的合法性问题,避免已生效的规范性文件与上位法相抵触。如果规范性文件涉及减损公民、法人和其他组织合法权益或者增加其义务的,制定机关应当慎之又慎,否则将面临撤销或废止的风险。例如,上位法对于某种行政违法行为规定了没收违法所得,可以并处违法经营额一倍以上两倍以下的罚款。而某行政机关在依据上位法制定相应的处罚裁量基准时,规定某种情况下行政机关针对某行政违法行为有权没收违法所得,可以并处 1 万元以上 2 万元以下的罚款。上述行政规范性文件就涉嫌违反上位法的规定。

3.是否违背法定程序

实践中,通过备案审查发现的程序性问题主要包括:①未按照规定时间、方式公开征求意见。比如有的制定机关在制定行政规范性文件时故意将征求意见的时间设定得很短,或者将规范性文件发布在不易于公众知晓的网站上征求意见,由此造成公众参与度不高。②未采纳合法性审查意见,由此使得合法性审查流于形式。

4.行政规范性文件的规定是否适当

这里的适当更多体现为合理性问题,比如,上位法对于某种行政违法行为规定了没收违法所得,可以并处违法经营额一倍以上两倍以下的罚款。而某行政机关在依据上位法制定相应的处罚裁量基准时,规定某种情况下行政机关针对某行政违法行为有权没收违法所得,可以并处违法经营额一倍的罚款;情节严重的,可以并处违法经营额一倍以上两倍以下的罚款。上述行政规范性文件对违法行为的"一般状态"和"情节严重"的情形设定的罚款区间不太合理,存在涉嫌是否适当的问题。

二、要点提示

第一,在进行备案审查时,应当注意不要将"备案"视为行政规范性文件的生效要件。虽然规范性文件在制定后都要及时按照规定程序和时限报送备案

（一般发布之日起十五日内），主动接受监督，但是否备案并不影响规范性文件的效力。

● ● ● ● ● ● ● ●　　**法条链接**

《公安机关规范性文件备案审查办法》第五条

制定规范性文件，应当由本级公安机关法制部门进行事前法律审核。

规范性文件应当自印发之日起 15 日内向上一级公安机关报送备案。规范性文件报送备案不影响文件生效。

第二，在进行备案审查时，应当提示备案审查部门对已发现问题的处理方式。如对于在备案审查过程中发现的问题，可以提示备案审查部门以书面意见方式及时通知制定机关暂停执行、自行纠正或者予以改进，特殊情况下报请本级人民政府予以改变或者撤销。

● ● ● ● ● ● ● ●　　**法条链接**

《福建省行政规范性文件备案审查办法》第二十条

备案审查部门发现规范性文件存在不符合本办法第十条所列情形之一的，由备案审查部门向制定机关发出书面审查意见，要求其自行纠正；制定机关应当自收到该意见之日起 60 日内将纠正情况书面反馈备案审查部门；制定机关逾期不纠正的，备案审查部门可以向制定机关发函督促；拒不纠正的，由备案审查部门报请本级人民政府责令改正，或者由本级人民政府予以变更或者撤销。

制定机关自行纠正之前，备案审查部门认为继续执行该规范性文件可能造成严重后果的，可以报请本级人民政府作出中止执行该规范性文件部分或者全部内容的决定。

第三,在进行备案审查时,应当提示备案审查部门重视公民、法人或者其他组织书面提出的审查建议。备案审查又可以分为主动审查和被动审查,被动审查主要指在公民、法人或者其他组织向备案审查部门书面提出审查建议的情况下,备案审查部门应当研究并提出处理意见。

●●●●●●● 法条链接

《浙江省行政规范性文件管理办法》第二十七条

公民、法人或者其他组织认为行政规范性文件同法律、法规、规章相抵触的,可以向该行政规范性文件的制定机关或者备案审查部门书面提出审查建议。

制定机关应当在收到书面审查建议之日起 60 日内研究处理并答复建议人;情况复杂的,经本机关负责人批准,可以适当延长不超过 30 日的处理期限。法律、法规另有规定的,从其规定。

备案审查部门对公民、法人或者其他组织提出的书面审查建议,应当研究并提出处理意见,按照规定程序办理。

三、法律文书

以下为备案审查意见书参考格式,适用于区政府法制办或备案机关出具备案审查意见。

行政规范性文件备案审查意见书
××备〔××××〕××号

××（制定机关）：

经审查，现就××报送备案的《××××》（文号，以下简称《××》）提出如下意见：

一、指出存在问题：对报备规范性文件中存在的违法规定逐一列出违反上位法的哪些规定；对报备规范性文件制定依据已经失效、废止等情况，应当指出并说明；对报备规范性文件措辞存在瑕疵，执行中容易引起歧义而侵犯公民、法人或者其他组织的合法权益的，应当指出，并提请制定机关予以注意。其中，对下一级政府报备的规范性文件制定程序不合法的，应当指出。

二、提出审查意见建议：要求制定机关限期改正；停止执行该规范性文件部分、全部内容；执行中避免侵犯公民、法人或者其他组织的合法权益等。其中，对下一级政府规范性文件程序违法的，应当限期补正程序或重新发布。

根据《××省行政规范性文件管理办法》（省政府令第××号）的规定，请在收到本意见之日起十五日内反馈处理情况。

（区人民政府法制办盖章）

年　　月　　日

第三节　实训演练

一、基本案情

行政机关甲为规范自身系统领域的行政处罚裁量权,强化权力监督制约,促进公正文明执法,根据相关法律法规规章等制定了《××系统行政处罚裁量基准》。《××系统行政处罚裁量基准》中有部分内容规定如下。

处罚依据:《中华人民共和国监控化学品管理条例》第二十四条,即"违反本条例规定,隐瞒、拒报有关监控化学品的资料、数据,或者妨碍、阻挠化学工业主管部门依照本条例的规定履行检查监督职责的,由省、自治区、直辖市人民政府化学工业主管部门处以5万元以下的罚款"。

《〈中华人民共和国监控化学品管理条例〉实施细则》第五十三条,即"违反本细则第三十五条、第三十七条至第三十九条的规定申报监控化学品数据,或者拒报、虚报、漏报或者瞒报有关监控化学品数据的,按照《中华人民共和国监控化学品管理条例》第二十四条的规定处罚"。

《××系统行政处罚裁量基准》细化标准:

(1)数据统计中故意漏报、误报、隐瞒有关监控化学品资料、数据的,给予警告并限期改正;逾期不改,影响全省数据统计的,处2万元罚款。

(2)数据统计中故意漏报、误报、隐瞒有关监控化学品资料、数据的,给予警告并限期改正;逾期不改,影响全省数据宣布,或造成其他严重后果的,处2万元以上5万元以下罚款。

(3)拒报有关资料、数据,给予警告并限期改正;经警告仍不改正的,处5万元罚款。

(4)妨碍、阻挠主管部门依照本条例的规定履行检查监督职责的,处5万元罚款。

二、思考问题

(1)作为行政机关甲的法律顾问,请通过法律审查指出其制定的上述行政规范性文件存在哪些问题。

(2)结合审查过程简要分析行政机关甲上述问题形成的原因。

案例解析

第十三章

行政协议审查

　　行政协议在行政机关日常行政管理活动中广泛应用已是不争的事实,这一现象是现代行政管理活动发生重大转变的具体体现,其背后也反映出现代服务型政府取代传统管理型政府、单方强制性行政转向契约型行政的趋势。一般认为,行政机关通过与行政相对人协商订立协议,一方面充分发挥了市场在资源配置中的决定性作用,让一切生产要素在公开、公平、公正的程序中竞争,另一方面能够更好发挥政府的职能作用,让社会资本潜力充分释放,更好地实现行政管理和公共服务目标。对于从事行政非诉法律事务的律师而言,行政协议的起草和审查是法律服务的重点内容之一。律师在受托起草行政协议的过程中,应当全面了解行政协议签订的背景及要实现的目标,把握行政协议具有的行政性和合同性的双重属性,并充分考虑行政机关行政优益权等问题。另外,律师在对行政协议进行非诉审查的过程中,应结合行政协议的内涵,从主体要素、目标要素、意思要素、内容要素、职责要素五个方面开展审查工作。

第一节　行政协议的起草

一、基本内容

行政协议又称"行政合同"或"行政契约"，兴起于第二次世界大战之后。随着我国经济社会的不断发展，行政协议在我国行政管理领域得到广泛应用。本节主要厘清行政协议的概念、阐明行政协议的范围和主要类型，同时指出行政协议起草中的实务要点。

(一)行政协议的概念

2004 年 3 月 22 日，国务院发布了《全面推进依法行政实施纲要》，提出要充分发挥行政规划、行政指导、行政合同等方式的作用。2014 年修订的《行政诉讼法》及其适用解释开始引入行政协议概念，并将行政协议纳入行政诉讼的范围，以更好地保护行政相对人的合法权益。2020 年 1 月 1 日起施行的《最高人民法院关于审理行政协议案件若干问题的规定》对行政协议做了比较全面的规定。据此，本书将行政协议界定为：行政机关为了实现行政管理或者公共服务目标，与公民、法人或者其他组织协商订立的具有行政法上权利义务内容的协议。

(二)行政协议的范围与主要类型

实践中，自然资源和规划部门(出让人)与行政相对人(受让人)签订的《国有建设用地使用权出让合同》、住房和城乡建设部门(征收部门)与行政相对人(被征收人)签订的《房屋征收补偿协议》等是比较常见的行政协议类型。2014年修改后的《行政诉讼法》第十二条第一款第十一项通过列举的方式明确了政府特许经营协议、土地房屋征收补偿协议两类协议属于行政协议。《最高人民法院关于审理行政协议案件若干问题的规定》第二条又进一步明确了六种类型的行政协议，包括：①政府特许经营协议；②土地、房屋等征收征用补偿协议;③矿业权等国有自然资源使用权出让协议;④政府投资的保障性住房的租赁、买卖等协议;⑤符合本规定第一条规定的政府与社会资本合作协议;⑥其他行政协议。

在上述六类行政协议当中,政府特许经营协议主要集中在城市基础设施建设、供水、供气、供热、污水处理、垃圾处理、城市公共交通等领域。土地、房屋等征收征用补偿协议是实践中发生争议较多领域,其原因主要是政府不依法履行、未按照约定履行或者违法变更、解除土地、房屋等征收征用补偿协议情况较多。

(三)行政协议起草的实务要点

一般来说,行政机关与公民、法人或者其他组织达成行政协议时,行政机关都会主动提供协议参考模板。一方面,行政机关掌握一定的资源优势,其可以要求顾问律师根据项目实际情况高效便捷地出具行政协议版本。另一方面,作为协议的提供方,行政机关能把相关问题考虑得更全面,在后续的协商谈判中占据主动地位。基于此,本书在讨论行政协议起草实务要点时更多是站在行政机关的角度,主要包括以下几方面。

1.全面细致地了解行政协议签订的背景及要实现的目标

行政协议的起草不同于行政协议的审查,后者更多针对行政协议内容本身,以达到查漏补缺、锦上添花的目的,而前者需要通过梳理背景信息、协议目的来设计出有利于委托人的协议条款,它是一个从无到有、从零到一的过程。比如,在起草一份政府特许经营协议时,承办律师如果对协议签订的背景及要实现的目标没有充分的了解和研究,就不可能草拟出一份合格的协议文本。

2.把握行政协议的行政性和合同性双重属性

行政协议虽然与行政机关作出的行政处罚、行政强制等行政行为一样,都是为了实现行政管理或者公共服务目标,但两者还是存在较大的差异。行政协议不再是只体现行政机关的单方性特点,还体现了行政机关与行政相对人平等协商的特点。这就要求律师在代表行政机关草拟行政协议时不能简单地只站在行政机关的角度,要求实现行政机关利益最大化,而是同时要站在行政相对人的立场考虑问题,做到平衡双方利益,最终使行政相对人顺利接受行政协议约定的各项条款。

3.充分考虑行政机关行政优益权行使等问题

行政协议签订后,双方都要依照协议的约定全面履行义务。但是与民事合同不同的是,作为行政协议一方的行政机关在履行行政协议的过程中享有行政优益权,这种行政优益权能否预设到行政协议的特定条款中去可能是受托律师在起草行政协议时需要一并考虑的问题。关于行政优益权的行使相关问题分析,可参考最高人民法院在(2017)最高法行申 3564 号"湖北草本工房饮料有限公司诉荆州经济技术开发区管理委员会、荆州市人民政府案"中的详细论述。

二、要点提示

(一)做好前期准备工作

前期准备工作包括但不限于通过与委托人进行当面沟通、现场调查、第三方询证等方式,详尽了解签订该份协议的背景及要实现的目标,然后根据了解的情况列出资料清单,由委托人根据资料清单提供相应材料,综合上述前期工作成果,律师才可以从容地完成行政协议的草拟工作。

(二)把握与民事合同特殊条款的区别

律师在起草行政协议的过程中可以参照民事合同的一般条款来进行,但也要区分民事合同的有些约定行政协议并不适用,如行政协议约定仲裁条款一般会被认定无效。

●●●●●●● **法条链接**

《最高人民法院关于审理行政协议案件若干问题的规定》第二十六条

行政协议约定仲裁条款的,人民法院应当确认该条款无效,但法律、行政法规或者我国缔结、参加的国际条约另有规定的除外。

第二节　行政协议的审查

一、基本内容

在行政协议的审查过程中,不同的利益主体代表着不同的利益诉请,因此受托律师在提供法律服务时要将"目光来回穿梭于行政机关和行政相对人之间",找到契合点,平衡各方利益,在保证行政协议有效的前提下对协议条款进行修改和优化,最终促成双方顺利达成协议。本节在提出行政协议的审查目标的基础上,着重指出行政协议的审查要点。

(一)行政协议的审查目标

2016年11月4日中共中央、国务院《关于完善产权保护制度依法保护产权的意见》明确提出,要完善政府守信践诺机制,大力推进法治政府和政务诚信建设,地方各级政府及有关部门要严格兑现向社会及行政相对人依法作出的政策承诺,认真履行在招商引资、政府与社会资本合作等活动中与投资主体依法签订的各类合同,不得以政府换届、领导人员更替等理由违约毁约,因违约毁约侵犯合法权益的,要承担法律和经济责任。正是考虑到实践中行政机关违约毁约的情形普遍存在,因此行政相对人在签订行政协议前委托专业律师对协议内容进行审查的情况越来越普遍。虽然行政协议在形式上是行政机关与行政相对人协商订立,但行政机关的强势性、优越性仍然在各个层面有所体现,因此律师介入行政协议的审查活动,其重要目的在于维护行政相对人的合法权益,避免出现行政协议无效、协议存在欺诈胁迫或者有失公平、行政机关违约而协议中未明确设定违约责任等情形。

(二)行政协议的审查要点

考虑到实践中签订行政协议时一般都由行政机关提供协议版本,因此本书在讨论行政协议的审查要点时更多是站在行政机关的角度,主要包括以下几点。

1. 关注主体要素

行政协议是行政机关与公民、法人或者其他组织之间协商一致订立的协议,因此行政协议的一方必然包含行政机关,否则该协议在形式上就不符合行政协议的构成要素,这也是行政协议与民事合同重要的区别之一。当然,前述所称"行政机关"不单指行使公权力的行政机关,还包括法律、法规、规章授权的组织以及其他依法接受行政机关委托行使公共管理职能的组织,因此受托律师在审查时应当予以认真识别和辨认,防止签约主体不符合法律规定的情形出现。

2. 关注目的要素

目的或者目标,是识别行政协议的一个重要标准。结合行政协议的概念可知,签订行政协议应当是为了实现行政管理或者公共服务目标,其目的具有公益性,而非满足和实现行政机关自身的利益。对于公益性目标的判断,可以结合行政协议签订的背景以及是否存在行政机关享有行政优益权条款等内容来判断。

3. 关注意思要素

意思自治是民法领域的重要概念,且是合同或协议中不可或缺的核心要素,因此"真实意思表示"也是行政协议不可或缺的要素。最高法在2019年12月十日发布的10个行政协议解释参考案例中,第五个"王某某诉江苏省仪征枣林湾旅游度假区管理办公室房屋搬迁协议案"讲的就是行政协议的订立应遵循自愿、合法原则,被诉行政协议如果在受胁迫等违背相对方真实意思表示的情形下所签订的,人民法院可依法判决撤销该行政协议。

4. 关注内容要素

行政协议概念包含了"具有行政法上权利义务内容",即行政协议的标的必须是公法上的权利义务,也即根据公法规范调整而产生的、对行政机关赋予权利或者设定义务的法律关系。比如,在能源和公共基础设施建设等领域,行政机关将同一区域内独家特许经营权通过行政协议先后授予给不同的经营者,承办律师在审查该协议时应当指出该授予行为违法,如此签订将承担相应法律责任。又比如,在相应的招商引资协议中约定了行政机关相应义务,但是未对逾期履行或者不履行义务设定违约责任,这个时候行政相对人的承办律师应当明确指出该问题并建议增加违约责任条款。

5.关注职责要素

虽然《最高人民法院关于审理行政协议案件若干问题的规定》在制定时并未将"在法定职责范围内"作为行政协议的要素,但律师受托审查行政协议时仍应关注行政机关签订行政协议是否超出法定职责范围。需要说明的是,《最高人民法院关于审理行政协议案件若干问题的规定》删除"在法定职责范围内"这一要素是基于"在法定职责范围内"只是对"合法"行政协议的界定,并非行政协议的界定,行政协议是否超越职责范围,是法院进一步审理的内容。因此为避免行政机关超出法定职责范围签订行政协议,导致后续行政协议可能出现无效或被撤销的情形,律师的审查工作就显得极为重要。

二、要点提示

(一)将"主体"作为首要审查要素

律师在审查行政协议时,之所以要把主体要素放在第一点,就是因为政府部门在特定的协议项下主体存在不适格的情形,最终会导致协议无效。

● ● ● ● ● ● ● ●　　**法条链接**

《最高人民法院关于审理涉及国有土地使用权合同纠纷案件适用法律问题的解释》第二条

开发区管理委员会作为出让方与受让方订立的土地使用权出让合同,应当认定无效。

本解释实施前,开发区管理委员会作为出让方与受让方订立的土地使用权出让合同,起诉前经市、县人民政府自然资源主管部门追认的,可以认定合同有效。

(二)把握自愿协商的基本原则

在审查行政协议时,承办律师应当提醒委托人签订行政协议应当建立在自愿协商的基础上,出现胁迫、欺诈、重大误解、显失公平等违法情形将导致协议被撤销。

法条链接

《最高人民法院关于审理行政协议案件若干问题的规定》第十四条

原告认为行政协议存在胁迫、欺诈、重大误解、显失公平等情形而请求撤销,人民法院经审理认为符合法律规定可撤销情形的,可以依法判决撤销该协议。

(三)明晰审查文件的性质

行政机关签订的协议并不一定都是行政协议,如行政机关之间因公务协助等事由而订立的协议、行政机关与其工作人员订立的劳动人事协议等,这些协议因其不符合行政协议的一般要素构成,因此不属于行政协议。

法条链接

《最高人民法院关于审理行政协议案件若干问题的规定》第三条

因行政机关订立的下列协议提起诉讼的,不属于人民法院行政诉讼的受案范围:

(一)行政机关之间因公务协助等事由而订立的协议;

(二)行政机关与其工作人员订立的劳动人事协议。

第三节　实训演练

一、基本案情

××区人民政府因实施××项目建设需要,发布了《××政征字(20××)第××号房屋征收决定公告》,决定依法对××科技有限公司位于××处的房屋土地进行征收,公告明确征收部门为××区住房和城乡建设局,征收实施单位为××街道办事处。××街道办事处作为征收实施单位在与××科技有限公司多次沟通后,主动提出拟与科技公司签订《房屋征收补偿安置框架协议》,该《房屋征收补偿安置框架协议》具体内容如下。

房屋征收补偿安置框架协议

甲方　征收实施单位:××区人民政府××街道办事处
　　　地址:
　　　联系人及电话:
　　　拿地单位:××实业有限公司
　　　地址:
　　　联系人及电话:
乙方　被征收人:××科技有限公司
　　　地址:
　　　联系人及电话:

根据《国有土地上房屋征收与补偿条例》、××区房屋征收补偿安置政策的有关会议纪要及其他相关法规、政策的规定,现就被征收房屋产权调换事宜,甲、乙双方达成框架协议如下:

第一条 甲方因××项目建设需要,对乙方的房屋土地实施征收。乙方同意将位于××处的房屋土地交于甲方征收。

第二条 甲方同意将位于××处的土地产权调换给乙方,基于该土地的特殊性,乙方同意对被征收房屋项下土地按照同用途、同面积土地、同土地使用年限进行等价值产权调换。

第三条 双方同意由甲方委托同一家评估机构,对被征收房屋项下的土地和安置用地的同面积部分根据评估技术规范和要求,采用同种评估方法、同一个评估时点、同一个评估目的进行评估,按照土地评估结果进行等价值调换。在产权调换中,甲乙双方同意等面积土地调换不结算差价。用于产权调换的土地面积超过被征收房屋土地面积部分的价格按照甲方(拿地单位)取得的招拍挂价格进行结算。安置用地面积超出部分计算方式:安置用地招拍挂取得的价格/安置用地面积×(安置用地面积-被征收房屋原有土地面积)。

第四条 乙方被征收房屋和装修、附属物、机器设备、过渡费、搬迁费、停业停产损失等进行货币补偿。甲方通过市场招拍挂方式取得产权调换的用地上的房屋设施等建设由乙方承担和具体实施,甲方配合乙方做好项目建设的报批工作,待项目完成开发投资总额的25%以上时(不含土地款投资),甲乙双方按照《房屋征收产权调换协议》办理权证变更手续,将安置用地的不动产权证过户至乙方名下,并将安置用地上的在建工程及有关批建手续资料原件全部移交乙方,涉及权证办理的相关税费,按照税务部门的有关规定缴纳。

第五条 乙方在本协议签订之日起三日内,完成被征收房屋相关物品清空工作,并经甲方验收确认。

第六条 甲方应当在本协议签订之日起四个月内,取得安置用地;在本协议签订之日起十二个月内,完成项目投资总额的25%以上,符合产权置换条件。

第七条 乙方过渡期限为本协议签订之日起十二个月。因甲方造成过渡期限延长的,按照本协议第十一条约定执行;因乙方造成过渡期限延长的,甲方不予支付临时安置费。甲乙双方签订《房屋征收产权调换协议》,完成产权置换后乙方应向甲方移交有关房屋、土地权证等,并出具委托书全权委托甲方向不动产部门办理权证注销手续。

第八条 甲方在本协议签订后先行支付乙方××万元整,用于乙方员工三个月的工资补助费用,该笔费用在甲乙双方签订《房屋征收产权调换协议》后从乙方的停产停业损失补偿费中扣除。

第九条 本协议为意向协议,双方具体权利义务内容以《房屋征收产权调换协议》约定为准。双方就未尽事宜订立的补充协议、条款、附件,均为本协议的组成部分,与本协议具有同等法律效力。

第十条 如本协议部分条款无效,不影响其他条款(包括违约责任条款)的效力及履行。

第十一条 如甲方未按协议条款约定在十二个月内与乙方进行产权调换或本协议无法履行时,视为甲方违约。乙方有权解除或要求继续履行本协议,并要求甲方自本协议签订起按未征收前乙方经营利润××万元/年进行补偿,不足一年的,按延期天数予以补偿。本协议履行过程中涉及甲方义务的,征收实施单位与拿地单位互负连带责任。

第十二条 本协议在履行过程中发生争议,由双方协商解决;协商不成的,依法向人民法院提起诉讼。本协议一式六份,自双方签订之日起生效。

甲方[征收实施单位(公章)]: 乙方[被征收人(公章)]:
　　法定代表人或授权代表: 　　法定代表人或授权
代表:
　　　　年 月 日 　　　年 月 日

拿地单位(公章):
　　法定代表人或授权代表:
　　　　年 月 日

二、思考问题

(1)上述《房屋征收补偿安置框架协议》是否合法有效?

(2)站在××科技有限公司角度,应当对上述《房屋征收补偿安置框架协议》做哪些修改?

(3)××科技有限公司在上述《房屋征收补偿安置框架协议》的签订过程中应当注意哪些问题?

案例解析

政府信息,指行政机关在履行行政管理职能过程中制作或者获取的,以一定形式记录、保存的信息。行政机关公开政府信息,应当坚持以公开为常态、不公开为例外,遵循公正、公平、合法、便民、及时、准确的原则。

行政机关公开政府信息分为两种方式,分别为主动公开和依申请公开。依申请公开政府信息,涉及行政主体和行政相对人的互动,是实务中的重点,也是本章具体论述内容。

第一节　政府信息公开的申请

一、基本内容

行政机关应当建立健全政府信息公开协调机制,对行政机关未主动公开的信息,公民、法人或者其他组织可以向地方各级人民政府、对外以自己名义履行行政管理职能的县级以上人民政府部门（含派出机构、内设机构）申请获取相关政府信息。律师可以接受当事人的委托，以委托人的代理人名义申请公开政府信息；也可以作为委托人的联系人，以委托人的名义参与申请公开政府信息；也可以出于正当的目的，以自己的名义申请公开政府信息。

（一）政府信息公开的申请主体

凡认为与相关的政府信息存在利害关系的任何主体，即任何公民、法人或者其他组织，都可申请政府信息公开。

申请人在申请公开政府信息时应当提供证明申请人是适格主体的证明材料，如公民的身份证、企业的营业执照、社会团体的社会团体法人登记证书等等。公民以身份证为主，部分行政机关不接受律师证、驾驶证作为公民的身份证明。

（二）政府信息公开的申请对象

政府信息公开申请人可向制作或获取、保存政府信息的各级人民政府及其职能部门申请公开。原则上是谁制作、谁公开，即向在履行行政管理职能过程中制作或者获取相应政府信息的各级人民政府、对外以自己名义履行行政管理职能的县级以上人民政府部门申请公开。也可适用就近原则，即根据便民高效原则，向保存政府信息的政府部门提出申请。

在具体工作中，各级人民政府及县级以上人民政府部门会指定工作机构负责本行政机关政府信息公开的日常工作，主要是法制工作处（科）室和办公室，比如乡政街道的党政办等内设机构。

（三）政府信息公开的申请方式

申请人向行政机关的政府信息公开工作机构申请获取政府信息的，应当采用书面形式，包括信件、数据电文等方式；采用书面形式确有困难的，申请人可以口头提出，由受理该申请的政府信息公开工作机构代为填写政府信息公开申请。

政府信息公开申请应当包括下列内容：①申请人的姓名或者名称、身份证明、联系方式；②申请公开的政府信息的名称、文号或者便于行政机关查询的其他特征性描述；③申请公开的政府信息的形式要求，包括获取信息的方式、途径。在实务中，各级政府机关会制作提供相应格式的政府信息公开申请表，申请人只要按表填写提交并附上相应身份信息资料即可。

二、要点提示

第一，申请人需与申请公开政府信息存有利害关系。除行政机关主动公开的政府信息外，公民、法人或其他组织可以根据自身生产、生活、科研等特殊需要，申请获取相关政府信息。但若申请人与申请公开的政府信息并不存在切身利益关系，与自身特殊需要无关，行政机关可以不予公开。

●●●●●●●● 法条链接

《国务院办公厅关于施行〈中华人民共和国政府信息公开条例〉若干问题的意见》第五条

（十四）行政机关对申请人申请公开与本人生产、生活、科研等特殊需要无关的政府信息，可以不予提供；对申请人申请的政府信息，如公开可能危及国家安全、公共安全、经济安全和社会稳定，按规定不予提供，可告知申请人不属于政府信息公开的范围。

第二，一事一申请原则，即一个政府信息公开申请只对应一个政府信息项目。为提高工作效率，方便申请人尽快获取所申请公开的信息，对一些要求公开项目较多的申请，律师可以建议行政机关要求申请人按照"一事一申请"原则对申请方式加以调整。

● ● ● ● ● ● ●　**法条链接**

《国务院办公厅关于做好政府信息依申请公开工作的意见》第三条

明确"一事一申请"原则：在实际工作中，有时会遇到一个申请要求公开分属多个行政机关制作或保存的政府信息，有的申请公开的信息类别和项目繁多，受理机关既不能如需提供，又难以一一指明哪条信息不存在，哪条信息属于哪个行政机关公开，影响了办理时效。为提高工作效率，方便申请人尽快获取所申请公开的信息，对一些要求公开项目较多的申请，受理机关可要求申请人按照"一事一申请"原则对申请方式加以调整：即一个政府信息公开申请只对应一个政府信息项目。

第三，律师需对申请公开的信息作区分处理，属于政府信息公开范围的，按照法律规定向行政机关提出政府信息公开申请，不属于政府信息的或者不应当公开的，告知申请人该信息有获取不到的风险。

● ● ● ● ● ● ●　**法条链接**

《政府信息公开条例》第三十七条

申请公开的信息中含有不应当公开或者不属于政府信息的内容，但是能够作区分处理的，行政机关应当向申请人提供可以公开的政府信息内容，并对不予公开的内容说明理由。

三、法律文书

××区政府信息公开申请表

申请人(个人)姓名	张三	单位/职业		个体工商户
证件名称	身份证	证件号码		330301××××××××
联系方式	□通信地址：		邮政编码	310000
	□联系电话：		联系人：张三	
	□电子邮箱：zhangsan@163.com			
政府信息公开义务机关(机构)名称	×××镇人民政府			
所需政府信息的内容描述	×××市×××镇人民政府与×××市××路××号营业房产权人李四签订的征收补偿协议及相关补偿项目明细、评估结果，及征收补偿费用的发放情况。			
获取政府信息的方式(单选)	□邮寄　□传真　□递送			
	□当面领取　□现场查阅　□电子邮件			
政府信息的载体形式(单选)	□纸质文本　□光盘　□磁盘			
所需政府信息的用途	类型：□自身生产的需要　□自身生活的需要 □自身科研的需要　□查验自身信息			
	具体用途： 　　申请人作为被征收房屋承租人和实际经营者，在政府征收行为中遭受装修、停业、搬迁安置等大额经济损失，却得不到分文补偿，今与被征收人因被征收房屋租赁合同纠纷提起诉讼，需作为民事诉讼证据材料用途。			
特别声明：本人承诺本表格所填写的各项内容均准确无误，愿意承担可能出现的有关法律责任。 　　申请人签名(盖章)：		申请时间		年　　月　　日

第二节　政府信息公开的受理和答复

一、基本内容

申请人提交政府信息公开申请后,收到申请的政府机关应当审查受理,依法决定是否公开政府信息,对申请人进行答复。对此,律师可以凭借政府法律顾问的身份提出相关建议,助力行政机关依法依规作出行政行为。

(一)政府信息公开申请的受理审查

政府信息公开的申请内容应当明确,具有可操作性。行政机关收到申请后,认为政府信息公开申请内容不明确的,应当给予指导和释明,并自收到申请之日起七个工作日内一次性告知申请人作出补正,说明需要补正的事项和合理的补正期限。答复期限自行政机关收到补正的申请之日起计算。申请人无正当理由逾期不补正的,视为放弃申请,行政机关不再处理该政府信息公开申请。申请人提交的政府信息公开申请内容不明确、不完备或存在其他要素欠缺的,律师应当建议行政机关在收到申请之日起七个工作日内一次性告知申请人作出更改、补充,进行补正。

行政机关收到政府信息公开申请的时间,按照下列规定确定:①申请人当面提交政府信息公开申请的,以提交之日为收到申请之日;②申请人以邮寄方式提交政府信息公开申请的,以行政机关签收之日为收到申请之日;以平常信函等无需签收的邮寄方式提交政府信息公开申请的,政府信息公开工作机构应当于收到申请的当日与申请人确认,确认之日为收到申请之日;③申请人通过互联网渠道或者政府信息公开工作机构的传真提交政府信息公开申请的,以双方确认之日为收到申请之日。

(二)是否公开政府信息的决定

政府机关对公开申请予以受理审查后,决定对申请的政府信息是否公开,往往涉及申请人的核心利益,是实务中的难点、重点。决定是否公开信息,以公开为常态、不公开为例外,不公开需有法定事由。

1.国家秘密类信息不公开

依法确定为国家秘密的政府信息,法律、行政法规禁止公开的政府信息,以及公开后可能危及国家安全、公共安全、经济安全、社会稳定的政府信息,不予公开。行政机关应当依照《保守国家秘密法》以及其他法律、法规和国家有关规定对拟公开的政府信息进行审查。行政机关不能确定政府信息是否可以公开的,应当依照法律、法规和国家有关规定报有关主管部门或者保密行政管理部门确定。

2.隐私类信息不公开

涉及商业秘密、个人隐私等公开会对第三方合法权益造成损害的政府信息,行政机关不得公开。但是,第三方同意公开或者行政机关认为不公开会对公共利益造成重大影响的,予以公开。依申请公开的政府信息公开会损害第三方合法权益的,行政机关应当书面征求第三方的意见。第三方应当自收到征求意见书之日起十五个工作日内提出意见。第三方逾期未提出意见的,由行政机关依照本条例的规定决定是否公开。第三方不同意公开且有合理理由的,行政机关不予公开。行政机关认为不公开可能对公共利益造成重大影响的,可以决定予以公开,并将决定公开的政府信息内容和理由书面告知第三方。

3.内部和过程性信息可以不公开

行政机关的内部事务信息,包括人事管理、后勤管理、内部工作流程等方面的信息,可以不予公开。行政机关在履行行政管理职能过程中形成的讨论记录、过程稿、磋商信函、请示报告等过程性信息以及行政执法案卷信息,可以不予公开。法律、法规、规章规定上述信息应当公开的,从其规定。

4.非确定性信息可以不公开

行政机关向申请人提供的信息,应当是已制作或者获取的政府信息,需要行政机关对现有政府信息进行加工、分析的,行政机关可以不予提供。

5.不合信息公开目的性不作为信息公开申请处理

政府信息公开是为了保障公民、法人和其他组织依法获取政府信息,提高政府工作的透明度,建设法治政府,充分发挥政府信息对人民群众生产、生活和经济社会活动的服务作用。申请人以政府信息公开申请的形式进行信访、投诉、举报等活动,行政机关应当告知申请人不作为政府信息公开申请处理并可以告知通过相应渠道提出;申请人申请公开政府信息的数量、频次明显超过合理范围,行政机关可以要求申请人说明理由,行政机关认为申请理由不合理的,告知申请人不予处理。

(三)政府信息公开的答复

行政机关收到政府信息公开申请,能够当场答复的,应当当场予以答复。行政机关不能当场答复的,应当自收到申请之日起二十个工作日内予以答复;需要延长答复期限的,应当经政府信息公开工作机构负责人同意并告知申请人,延长的期限最长不得超过二十个工作日。行政机关征求第三方和其他机关意见所需时间不计算在规定的期限内。

律师可以建议行政机关对申请公开的政府信息作区分处理,若未进行区分处理,存在未完全履行或未充分履行政府信息公开法定职责的风险。行政机关已就申请人提出的政府信息公开申请作出答复、申请人重复申请公开相同政府信息的,律师可以建议行政机关告知申请人不予重复处理。

对政府信息公开申请,行政机关根据下列情况分别作出答复:

(1)所申请公开信息已经主动公开的,告知申请人获取该政府信息的方式、途径。

(2)所申请公开信息可以公开的,向申请人提供该政府信息,或者告知申请人获取该政府信息的方式、途径和时间。

(3)行政机关依据《政府信息公开条例》的规定决定不予公开的,告知申请人不予公开并说明理由。

(4)经检索没有所申请公开信息的,告知申请人该政府信息不存在。

(5)所申请公开信息不属于本行政机关负责公开的,告知申请人并说明理由;能够确定负责公开该政府信息的行政机关的,告知申请人该行政机关的名称、联系方式。

(6)行政机关已就申请人提出的政府信息公开申请作出答复、申请人重复申请公开相同政府信息的,告知申请人不予重复处理。

(7)所申请公开信息属于工商、不动产登记资料等信息,有关法律、行政法规对信息的获取有特别规定的,告知申请人依照有关法律、行政法规的规定办理。

二、要点提示

第一,政府信息不仅包括行政机关制作的信息,同样包括行政机关从公民、法人或者其他组织获取的信息。凡属于政府信息,如不存在法定不予公开的事由,均应予以公开。

●●●●●●● **法条链接**

《政府信息公开条例》第二条

本条例所称政府信息,是指行政机关在履行职责过程中制作或者获取的,以一定形式记录、保存的信息。

第二,公安机关在履行刑事司法职能、侦查刑事犯罪中形成的信息,属于秘密事项的,应当不予公开。

●●●●●●● **法条链接**

《政府信息公开条例》第十五条

涉及商业秘密、个人隐私等公开会对第三方合法权益造成损害的政府信息,行政机关不得公开。但是,第三方同意公开或者行政机关认为不公开会对公共利益造成重大影响的,予以公开。

第三,过程性信息一般不属于应公开的政府信息。过程性信息一般是指行政决定作出前行政机关内部或行政机关之间形成的研究、讨论、请示、汇报等信息,此类信息一律公开或过早公开,可能会妨害决策过程的完整性,妨害行政事务的有效处理。但过程性信息不应是绝对的例外,当决策、决定完成后,此前处于调查、讨论、处理中的信息即不再是过程性信息,如果公开的需要大于不公开的需要,就应当公开。

●●●●●●● **法条链接**

《国务院办公厅关于做好政府信息依申请公开工作的意见》第二条第二款

……行政机关在日常工作中制作或者获取的内部管理信息以及处于讨论、研究或者审查中的过程性信息,一般不属于《条例》所指应公开的政府信息。

三、法律文书

(一)政府信息公开申请接收回执(一式两份)

●●●●●●●

政府信息公开申请接收回执

_____年第_____号

(申请人姓名或者单位名称):

您(你单位)于_____年_____月_____日通过当面申请方式向本机关提出_____份政府信息公开申请,申请获取_____信息。

您(你单位)提交的材料有_____。

根据《政府信息公开条例》第三十三条的规定,本机关将于_____年_____月_____日起二十个工作日内作出答复,如需延期答复,本机关将依法告知。办理进度查询电话:_____。

申请人签名:

行政机关名称

(印章)

年　月　日

（二）予以公开答复书（答复回执）

_____依复〔20_____〕第_____号

政府信息公开申请答复书

（申请人姓名或者单位名称）：

　　本机关于_____年_____月_____日收到您（你单位）通过□在线　□信函　□传真　□当面　□_____提交的《政府信息公开申请书》。

　　经审查，您（你单位）申请公开的_____本机关予以公开，根据《政府信息公开条例》第三十六条第二项的规定，本机关将该政府信息提供给您（复印件附后）。

　　如对本答复不服，可以在收到本答复之日起六十日内向_____人民政府或者_____部门申请行政复议，或者在六个月内向_____人民法院提起行政诉讼。

行政机关名称

（印章）

年　　月　　日

(三)不予公开答复书(第三方合法权益保护类豁免)

_____ 依复〔20_____〕第_____号

政府信息公开申请答复书

(申请人姓名或者单位名称):

　　本机关于_____年_____月_____日收到您(你单位)通过□在线 □信函 □传真 □当面 □_____提交的《政府信息公开申请书》。

　　□您(你单位)申请公开的_____,涉及□商业秘密 □个人隐私,经征求第三方意见和审查,该政府信息公开后会损害第三方合法权益,根据《政府信息公开条例》第三十二条、三十六条第三项的规定,本机关决定不予公开。

　　□您(你单位)申请公开的_____,涉及□商业秘密□个人隐私,经征求第三方意见,第三方同意公开。经审查,根据《政府信息公开条例》第三十二条、第三十六条第二项的规定,现提供给您(复印件附后)。

　　□您(你单位)申请公开的_____,涉及□商业秘密□个人隐私,经征求第三方意见,第三方不同意公开。经审查,本机关认为不公开可能会对公共利益造成重大影响,根据《政府信息公开条例》第三十二条、第三十六条第二项的规定,决定予以公开,现提供给您(复印件附后)。

　　□您(你单位)申请公开的_____,涉及□商业秘密□个人隐私,经征求第三方意见,第三方同意部分公开。经审查,根据《政府信息公开条例》第三十二条、第三十六条第二项、第三十七条的规定,现作区分处理后将可以公开的信息提供给您(复印件附后)。

　　如对本答复不服,可以在收到本答复之日起六十日内向_____人民政府或者_____部门申请行政复议,或者在六个月内向_____人民法院提起行政诉讼。

行政机关名称

(印章)

年　　月　　日

第三节　政府信息公开的监督

一、基本内容

为推动政府信息公开工作的深入开展,保证政府信息公开制度得到有效贯彻执行,需要对政府信息公开工作进行监督和保障。政府信息公开的监督,通过行政监督、社会监督、司法监督等方式落实。律师既可以作为行政相对人的代理人,也可以律师本人名义,同时也可以作为行政机关的法律顾问,全方面发挥监督作用。

(一)行政监督

政府信息公开的行政监督,指政府信息公开机关的上级机关或工作主管部门对政府信息公开工作的日常指导和监督检查,包括事前、事中和事后全方位全程监督。律师作为政府法律顾问,可以对政府信息公开工作的规范化操作提供全方位的法律意见,起到内部监督助力作用。

行政机关内部监督往往与政绩考核相挂钩,监督检查的主要内容包括:①领导重视程度;②主动公开、依申请公开和不予公开政府信息情况;③政府信息公开是否公正、公平、便民并完全、及时、准确;④政府信息公开的收费及减免情况;⑤因政府信息公开申请行政复议、提起行政诉讼的情况;⑥制度建设情况;⑦政府信息公开工作存在的主要问题及改进情况等。

对行政机关未按照要求开展政府信息公开工作的,视情节轻重,采取以下方式处理:批评教育,责令限期整改;予以通报批评;取消当年各类先进参评资格;需要对负有责任的领导人员和直接责任人员追究责任的,给予党纪政纪处分。

(二)社会监督

县级以上人民政府部门应当在每年 1 月 31 日前向本级政府信息公开工

作主管部门提交本行政机关上一年度政府信息公开工作年度报告并向社会公布。县级以上地方人民政府的政府信息公开工作主管部门应当在每年3月31日前向社会公布本级政府上一年度政府信息公开工作年度报告。

政府信息公开工作年度报告应当包括下列内容：①行政机关主动公开政府信息的情况；②行政机关收到和处理政府信息公开申请的情况；③政府信息公开工作被申请行政复议、提起行政诉讼的情况；④政府信息公开工作存在的主要问题及改进情况，各级人民政府的政府信息公开工作年度报告还应当包括工作考核、社会评议和责任追究结果情况；⑤其他需要报告的事项。全国政府信息公开工作主管部门应当公布政府信息公开工作年度报告统一格式，并适时更新，接受社会舆论监督。

(三)司法监督

公民、法人或者其他组织认为行政机关在政府信息公开工作中侵犯其合法权益的，可以向上一级行政机关或者政府信息公开工作主管部门投诉、举报，也可以依法申请行政复议或者提起行政诉讼。严格来讲，行政复议不属于司法行为，是一种特殊的具体行政行为，享有准司法权，即以依法裁处纠纷为宗旨的行政司法行为。

政府信息公开属于具体行政行为，接受行政复议机关和司法审判机关的审查，确定是否撤销或维持。律师作为行政机关或行政相对人的代理人，在行政复议和行政诉讼中发挥着积极作用。

二、要点提示

第一，利害关系人对涉及自身权益的具体行政行为，有权要求行政机关公开相关政府信息。行政机关对利害关系人的信息公开申请不予答复的，利害关系人可以提起行政诉讼，法院应认定该行政机关构成不履行信息公开义务行为。对因不作为引起的行政诉讼，人民法院应加大协调力度。

第二，信息公开复议案件的行政机关，是作出相关政府信息公开答复行为的行政机关所在的县级以上人民政府或者其上一级行政机关。

●●●●●●●　**法条链接**

《政府信息公开条例》第五十一条

公民、法人或者其他组织认为行政机关在政府信息公开工作中侵犯其合法权益的,可以向上一级行政机关或者政府信息公开工作主管部门投诉、举报,也可以依法申请行政复议或者提起行政诉讼。

第三,对符合人民法院受理的信息公开行政诉讼案件,律师可接受原告的委托。在接受委托之前,应就公民、法人或其他组织拟提起的信息公开行政诉讼进行审核,审核该起诉是否符合属于人民法院的受案范围、拟起诉的当事人是否具有原告的诉讼主体资格、起诉是否超过起诉期限等起诉条件。

●●●●●●●　**法条链接**

《行政诉讼法》第二十五条第一款

行政行为的相对人以及其他与行政行为有利害关系的公民、法人或者其他组织,有权提起诉讼。

第四节　实训演练

一、基本案情

张三在杭州市××区××街道拥有合法房屋及院落,院落中有自建房及空地。因公共利益需要,政府投入开发××项目,对张三上述房屋及院落所在区域的民用土地和房屋进行征收。张三于 2020 年 12 月×日通过邮寄方式向

××区××街道办事处递交了《信息公开申请表》，申请公开征收区域的房屋调查、分户补偿情况及安置补偿协议。××区××街道办事处收到张三递交的上述《信息公开申请表》后，于2021年2月×日作出《政府信息公开申请答复书》称："您申请公开的信息涉及第三方个人隐私，经征求第三方意见和审查，该政府信息公开后会损害第三方合法权益。根据《政府信息公开条例》第三十二条、三十六条第三项的规定，本机关决定不予公开。"

张三对××区××街道办事处作出的上述《政府信息公开申请答复书》不服。

二、思考问题

(1)张三是否有权向政府申请信息公开？

(2)被征收人的补偿协议应该被公开吗？

(3)政府部门拒绝公开应该怎么办？

案例解析

后 记

在推进法治国家、法治政府、法治社会建设的过程中,律师具有不可替代的重要作用,提升行政法律实务能力是法学教育人才培养和律师执业中不可忽视的重要环节。本书是在习近平新时代中国特色社会主义思想的指导下,践行习近平法治思想,贯彻落实党的二十大精神,由浙大城市学院法学院和浙江泽大律师事务所合作完成的第二本实训类教材,旨在通过对行政诉讼、行政复议、行政非诉中核心工作的提炼和总结,希冀为法学本科生、研究生和律师助理、年轻律师提供具体、实用的行政法律实务指南,帮助其迅速掌握相关知识、技巧及核心要点,从而少走弯路,完成从法学人到执业律师的身份转变。

本书的顺利编著是团队成员精诚合作、高效推进的结果。作为校方的主编,我不仅要牵头确定全书提纲、把握写作节奏、规范写作格式,更要在审阅书稿的基础上与每一位作者沟通修改和调整之处,而多轮修改也促使我再次系统地学习了行政法基础理论和相关实务知识,获益匪浅。王小军主任负责本书的提纲审定、部分书稿的修改反馈,为本书的付梓作出了重要贡献。

需要特别感谢的是,浙江泽大律师事务所九位优秀律师始终能够理论与实践相结合,以实务经验、智慧思考和辛勤劳动为行政法律实务工作提供指引。参与本书写作的律师是:朱嘉颖(第一章"行政诉讼、复议类业务的受理")、吴亦彬(第二章"政府法律顾问业务的受理")、毛洪辉(第三章"一审诉讼")、胡棕瀚(前言、第四章"二审、再审和执行")、华百慧(第五章"行政复议申请"、第六章"行政复议审理")、刘亚(第七章"行政复议和行政诉讼衔接")、钱梁(第八章"行政赔偿的提起"、第九章"行政赔偿的处理"、第十章"行政赔偿的调解")、鲁建辉(第十一章"政府法律顾问"、第十四章"政府信息公开")、罗俊(第十二章"行政规范性文件审查"、第十三章"行政协议审查")。

　　感谢浙大城市学院吴红列老师在本书写作中承担的组织和沟通工作,感谢浙江泽大律师事务所李东升律师的大力支持,感谢浙大城市学院幸福城市研究院木春琳老师的协助,感谢浙江大学出版社陈思佳编辑的审稿、编辑工作。

　　本书如有不当之处,恳请各位读者批评指正。

邵亚萍

2022 年 12 月 1 日于杭州